公益財団法人全国商業高等学校協会主催

商業経済検定

模擬テスト

第3級

ビジネス基礎

 とうほう

も く じ

重 要 用 語 解 説

　用語の意味や定義を，しっかり確認しておきましょう。理解できたら，□にチェックマークをつけてください。

| 経済と流通 |

□001 **B to B**
　企業と企業の間でおこなわれる電子商取引のことをいう。

□002 **B to C**
　バーチャルショップなど企業と消費者の間でおこなわれる電子商取引のことをいう。

□003 **C to C**
　インターネットオークションなど消費者と消費者の間でおこなわれる電子商取引のことをいう。

□004 **D 2 C**
　企業が卸売業者や小売業者などを介在させずに，商品を直接消費者に販売することをいう。

□005 **D I Y**
　「Do It Yourself」（自分自身でやる）の略で，自分自身で何かを作ったり修理したりすることをいう。

□006 **E D I**
　電子データ交換のことをさす。通信回線を通じて，見積書や納品書，請求書などのやりとりをおこなうことである。

□007 **ITF コード**
　段ボールなどに貼付・印刷されている物流用のバーコードのことである。

□008 **O 2 O**
　「Online to Offline」の略で，インターネットで広告宣伝をおこない，店舗（リアル店舗）に顧客を誘導することをいう。

□009 **POSシステム**
　販売時点情報管理システムのことである。商品番号を線であらわしたバーコードを商品に付けておき，販売のさいにバーコードを読み取って性別や年齢層などの顧客情報や販売情報を記録し，商品の品ぞろえに活用する。

□010 **R F I D**
　電波を用いてICタグの情報を非接触で読み取るしくみのことをいう。バーコードの読み取りとは異なり，複数のICタグの情報を一括して読み取ることもできる。

□011 **S a a S**
　クラウドにあるサーバにソフトウェアをアップロードして，インターネットを利用してソフトウェアを利用するしくみのことをいう。通信環境さえ整備されていれば，どこからでもアクセスできるのがメリットである。

□012 **相 対 売 買**
　売り手と買い手が1対1で売買をおこなうことをいう。

□013 アウトソーシング 　情報システムの構築・運用・保守や経理業務，生産管理業務など特定の業務を外部の企業に委託することをいう。

□014 アウトレットモール 　ブランド品などの在庫を低価格で販売する小売業者が集積した施設のことをいう。

□015 委託売買
（ブローカー業務） 　証券会社が投資家の委託を受けて証券の売買をおこなうことをいう。一方，証券会社がみずからの判断で証券を売買することを自己売買という。

□016 　市　 　物々交換の相手を個別に探す不便を取り除くために，多くの人びとが集まる一定の場所で，特定の日に定期的に交換をおこなうようになったことをいう。

□017 一　次　卸 　卸売業者が複数介在する場合に，最初に生産者から商品を仕入れて，別の卸売業者（二次卸）に商品を販売する卸売業者のことをいう。

□018 一般小売店 　家族または少数の従業員を雇用して，一種類から数種類の商品を仕入れて販売する小規模小売店のことである。

□019 移動販売 　住宅街や駅前など需要が見込まれる地域に，自動車や自転車などで移動して商品を販売することをいう。

□020 インセンティブ 　もともとは「報酬」や「奨励」という意味で，人間になんらかの行動を引き起こさせる動機付けのことをいう。

□021 インターナル・
マーケティング 　従業員満足を高めるために，従業員に対しておこなうマーケティングのことをいう。従業員満足が高まれば顧客満足も高まり，企業の利益も高まるという考え方である。

□022 インターネット・サービス
プロバイダ（プロバイダ） 　インターネットへの接続サービスを提供する業者のことをいう。ほとんどが情報通信業者だが，最近では異業種からの参入もある。

□023 インターネット通販 　インターネットを活用した通信販売のことをいう。

□024 ウェブルーミング 　興味のある商品をインターネットで調べて，その後に店舗（リアル店舗）を訪問して商品を購入することをいう。この反対がショールーミングである。

□025 運送業者 　一定の運賃や手数料をとって，他人のために貨物運送業務をおこなう業者のことをいう。

□026 運　輸　業 　貨物あるいは旅客の運送にかかわる業種のことをいう。物流の中心となる業種である。

□027 営業倉庫 　貨物を預かる倉庫業を営むために，国土交通大臣の登録を受けている倉庫のことをいう。これに対して自社の貨物を保管するために保有して

いる倉庫のことを自家倉庫という。

□028 **オムニチャンネル**

企業が顧客と接する機会や販売経路をすべて統合し，いつでもどこでも商品を購入できるようにするほか，店舗・電子商取引・SNS・メールマガジンなどあらゆる顧客との接触で，とぎれがない購買体験ができる，異なるチャネル（販売経路）がすべてつながっている状態である。

□029 **外国為替相場**

ある国の通貨1単位を他の国の通貨に交換する場合の比率のことをいう。

□030 **海 上 輸 送**

船舶によって海洋上を輸送することをいう。この場合，大量の貨物または巨大な貨物を遠距離へ低価格で輸送することが可能になる。

□031 **買 回 品**

生活用品（消費財）の分類の一つで，消費者がいくつかの小売店舗を見て回り，価格や品質・デザインなどを比較・検討してから購入する商品のことをいう。最寄品よりも購買回数が少なく，洋服・家具・家庭用電気製品などのように，比較的高価な商品が多い。

□032 **価格の自動調節機能**

価格の変動によって自動的に商品やサービスに対する需要と供給が調整され，均衡する機能のことをいう。

□033 **核テナント
（キーテナント）**

ショッピングセンターで集客の中心となるテナントのことをいう。大規模で知名度が高いテナントが選ばれることが多い。

□034 **家 計**

企業や政府（財政）に労働力を提供して得られる賃金や給料，あるいは貯蓄した資金を企業に出資して受け取る配当金などの収入（所得）で，商品やサービスを購入して消費生活をおくる経済主体である。

□035 **家事代行サービス**

炊事や洗濯，掃除などの家事を代行するサービスである。女性の社会進出や価値観の変化などにより，ニーズが増加傾向にある。

□036 **貸 出 業 務**

普通銀行の三大業務の一つで与信業務ともいう。預金者から預かった資金や株式発行によって集めた資金を貸し出し，利息を受け取って収益を計上する。手形割引と貸付に大別される。

□037 **貸 付**

貸出業務の一つである。手形貸付・証書貸付・当座貸越の3種類がある。

□038 **カスタマーエクスペリエンス**

「顧客体験」という意味で商品やサービスを購入したことによる精神的・感覚的な価値のことをいう。たとえばスターバックスの店内インテリアやサービスなどがある。

□039 **寡 占 化**

特定の市場が少数の企業によって占められることをいい，たとえば宅配便市場や自動車市場などがその例である。

□040 **価値的隔たり**

生産者が売りたいと思っている価格と消費者が購入したいと思っている価格の隔たりをいう。一般に生産者はなるべく高い価格で販売しよう

とし，消費者はなるべく低い価格で購入しようとしている。

□041 カテゴリーキラー

家庭用電気製品やスポーツ用品，家具など特定の分野で低価格販売をおこなう小売業者のことをいう。たとえばヤマダ電機やニトリといった企業がこの例となる。専門ディスカウントストアともいう。

□042 貨物利用運送事業者

荷主と運送契約をむすび，実運送事業者が所有する自動車や船舶などを組み合わせて貨物を輸送する運送業者のことをいう。たとえば引越業者などがその例である。

□043 為替業務

普通銀行の三大業務の一つで，口座振込や遠隔地の送金，小切手や手形の取り立てなどを銀行が仲立ちすることによって，直接現金を送付することなくおこなう業務である。これには内国為替と外国為替の二つがある。

□044 間接金融

金融機関が預金者から資金を預かり，資金の需要者に対して資金を融通することをいう。

□045 間接流通

生産者が卸売業者や小売業者を通して間接的に商品を販売する経路のことをいう。それに対して，生産者が直接消費者に商品を販売する経路のことを直接流通という。

□046 機会費用

トレード・オフの関係のもとで，一方の選択をおこなった場合に，断念せざるをえない他方の利得のことをいう。たとえばテニスの予定とアルバイトの予定が重なったときに，テニスをするとアルバイトをして得られたであろう1万円を失うことになる。この1万円が相当する。

□047 企業

一定の資本（資金）を用いて，工場・店舗・事務所・機械装置などを購入し，従業員を雇用して商品やサービスの生産活動や流通活動をおこなう経済主体のことをいう。

□048 危険（リスク）

商品の破損や汚損，また盗難や火災といった不確実性のことをいう。こうした不確実性に備えるために生命保険や損害保険がある。

□049 危険負担

生産者から消費者まで商品が流通する過程で生じるさまざまな損害を負担する流通の働きのことをいう。

□050 技術的分業

一つの商品を多数の人びとが協力して生産する場合に，作業の種類別に仕事を分け合うことをいう。たとえばウサギを捕まえるという仕事を，ウサギを追いかける仕事とウサギを待ち構えて槍でしとめる仕事に分業化することをさす。

□051 供給

商品やサービスを提供することで，その主体は売り手となる。需要に対応する語である。また，その量のことを供給量という。

□052 業種

どのような種類の商品を取り扱っているかを基準として小売業者を分

類する方法である。たとえば自動車を取り扱っている自動車販売店，家具を取り扱っている家具店といった分類になる。

□053 業　　態
　どのような販売方法を採用しているかを基準として小売業者を分類する方法である。たとえば百貨店・スーパーマーケット・コンビニエンスストアといった分類になる。

□054 共 同 配 送
　届け先が共通の複数の企業が貨物を持ち寄り，配送を共同しておこなうことをいう。この結果，トラックの積載効率が増すためコスト削減をはかることができる。

□055 均一価格店
　ワンプライスショップともいう。店舗内に陳列されている商品については，すべて均一価格で販売する小売業者である。たとえば100円ショップなどがある。

□056 均 衡 価 格
　需要量と供給量が一致する均衡点の価格のことをいう。

□057 金 属 貨 幣
　金属を用いた貨幣のこと。物品貨幣では保存や持ち運びが不便なため用いられるようになった。

□058 金　　融
　資金の供給者(貸し手)と需要者(借り手)を結びつけるビジネスのこと。主に銀行や証券会社などの金融機関がその担い手となる。

□059 金 融 機 関
（金融業者）
　資金の需要者と供給者の間を資金が円滑に流れるように調整する機関(業者)のことをいう。銀行や証券会社，保険会社などが相当する。

□060 グローサラント
　生活用品を販売するグロッサリーとレストランを組み合わせた造語である。スーパーマーケットにレストランが併設されている店舗のことを示す。我が国では成城石井やイオンなどが展開している。

□061 グローバル化
　ビジネス活動が地球的な規模でおこなわれるようになり，ヒトやモノ，カネや情報が国境を越えて自由に移動することをいう。

□062 経　　済
　商品やサービスの生産・流通・消費に関する諸活動，あるいはその全体的なつながりのことをいう。

□063 経 済 主 体
　経済活動の担い手のことであり，家計・企業・政府(財政)の三つがある。

□064 公 共 放 送
　NHKのように視聴者が支払う受信料によって運営している放送のことをいう。民間放送に対する用語である。

□065 航 空 輸 送
　航空機によって空路を輸送することをいう。長距離を短時間で輸送できるが，貨物の種類や大きさなどに制限があり，大量輸送には適していない。

□066 好景気（好況）
　家計や企業の消費活動や投資活動が活発な状態のことをいう。この状

態では物価が上昇する傾向があるため，政府による政策的な調整が不可欠になる。この反対の意味が不景気(不況)である。

☐067 後継者問題

家族または少数の従業員と経営者からなる一般小売店で，経営者の後を継ぐ人が減少している問題のことをいう。

☐068 高付加価値商品

1粒1,000円のイチゴのように高い付加価値を付けた商品のことをいう。

☐069 小 売 業 者

卸売業者や生産者から商品を仕入れて，消費者に販売する売買業者のことをいう。

☐070 国 際 経 済

一国の経済(国民経済)は，貿易や金融などを通じて他の国の国民経済と密接に関連している。このように国と国のかかわりで国民経済と国民経済が結びついた状態のことをいう。

**☐071 国内総生産
　　　(GDP)**

1年間に国内の経済主体が生産した商品やサービスの価格から生産過程で投入された原材料や部品などの中間生産物の価格を差し引いた差額(付加価値)を一国全体で集計したものをいう。

☐072 国 民 経 済

一国を単位として，家計・企業・政府(財政)の三つの経済主体が相互に結びついて，一つの経済社会を構成することをいう。

☐073 コンテナリゼーション

コンテナ(容器)に貨物を入れて，輸送・荷役することをいう。これにより物流コストの低減とスピード化が促進されている。

☐074 コンビニエンスストア

住宅地や道路沿い，病院や大学，駅構内などにあって，食料品や日用雑貨などの最寄品を，原則として年中無休24時間営業で，セルフサービス方式により販売している小売業者である。

☐075 サ ー ビ ス

利用することで利便性や満足感を感じる無形の便益のことをいう。広義に解釈すれば「商品」に含まれることもある。たとえば美容・観光・福祉・看護などがある。

☐076 サービス業者

サービスを担う担当者のことをいう。たとえば広告業者や学術・開発研究機関，自動車整備業者などがいる。

☐077 サービス経済化

就業人口の割合や国内総生産に占める割合などで第三次産業の割合がいちじるしく増加傾向にあることをいう。経済のソフト化あるいは単にサービス化ということもある。

☐078 サービスの同時性

サービスの生産と消費は同時におこなわれるという性質をさす。そのためサービスは「作り置き」や「在庫」といったことができない。

☐079 サービスの不安定性

サービスは主に従業員によって提供されるため，従業員の体調ややる気などによって品質が変化する性質をさす。なるべくサービスの品質を安定させるために，マニュアルなどが用意される。

□080 サービスの無形性	サービスは有形の商品とは異なり，形を持たないという性質をさす。そのため「お試し期間」などを企業は用意して，消費者にサービスの内容を確認してもらうことがある。
□081 サービタイゼーション	製造業がサービス化することをいい，たとえば走行距離を計算するタイヤの製造や，農地のデータを収集する農機具の開発といった事例がある。
□082 再生可能エネルギー	バイオマス・太陽熱利用・雪氷熱利用・地熱発電・風力発電・太陽光発電など温室効果ガスを排出しないエネルギーのことをさす。
□083 サブスクリプション	一定の料金を支払うと，一定の期間にわたり音楽配信サービスや動画配信サービスなどを好きなだけ利用できるビジネスモデルのことである。
□084 サプライチェーンマネジメント（SCM）	原材料の調達・製造・輸送・販売を一貫した流れでとらえて，全体最適をはかるために在庫量の削減と設備・施設の効率的な管理をおこなうことをいう。
□085 差別化（差異化）	競合他社の商品やサービスと違いをつくることをいう。
□086 産業革命	18世紀後半から19世紀にかけて，蒸気機関など機械装置による生産性が大幅に進歩し，消費生活も向上した現象のことをいう。
□087 産業構造の高度化	産業の中心が第一次産業から第二次産業へ，第二次産業から第三次産業へと移動していくことをいう。
□088 産業用品（生産財）	企業が業務用に消費する原材料・部品・設備・消耗品などの商品を指していう。ふつう大口に需要されるため，その消費者を一般消費者と区別して大口消費者，需要者，産業用需要者などということもある。
□089 産地卸売業者	生産地（産地）で，生産者から農水産物や伝統的工芸品などを買い集めて，まとめて大口消費者や二次卸などに出荷する一次卸のことをさす。
□090 シェアリングエコノミー	個人や企業が保有する資産を，インターネットを通じて複数人が利用する経済活動のことをいう。たとえば自動車を複数人で利用するカーシェアや部屋を複数人で共有するルームシェアなどがある。
□091 自家倉庫	自社の商品などを保管する倉庫のことをいう。これに対して営業目的で第三者の貨物などを保管する倉庫を営業倉庫という。
□092 時間的隔たり	生産と消費の間にある生産する時期と消費する時期の違いのことをいう。
□093 自給自足	生活に必要な財貨（人びとの欲望を満足させる物質のこと）をすべて自分たちの手で生産することをいう。

□094 自己売買 （ディーリング業務）	証券会社がみずからの判断で証券を売買し，その売却益を得る取引のことをいう。一方，投資家の委託を受けて証券の売買をおこなうことを委託売買（ブローカー業務）という。
□095 実運送事業者	自動車や船舶などの輸送手段を所有して，貨物を運送する事業者のことをいう。船舶会社や航空会社が該当する。
□096 自動車輸送	自動車による陸上輸送のことをいう。戸口から戸口までの一貫輸送や積み替えなどの荷役も少ないので迅速な輸送が可能である。ただし，鉄道輸送や海上輸送と比較すると二酸化炭素の排出が多いというデメリットがある。
□097 自動販売	自動販売機などを利用して無店舗で商品やサービスを販売する方式をいう。省スペースで人件費がかからず，24時間販売が可能という利点がある。
□098 死亡保険	人が死亡したときに保険金が支払われる生命保険のことをいう。
□099 資　　本	企業のビジネス活動に必要な資金のことをいう。また，資金で購入した機械装置・設備・工場などを総称していうこともある。
□100 社会的分業	さまざまな職業に細分化されて，それぞれの職業に個人が専門的に従事する分業のことをいう。一方，一つの製品を複数の人びとが協力して生産するさいに，作業の種別ごとに分業することを技術的分業という。
□101 社会的隔たり （人的隔たり）	社会的に生産を担う生産者と消費を担う消費者が異なるという「隔たり」をいう。
□102 消費地卸	産地で産地卸が商品を収集し，流通経路の途中で仲次卸が中継し，最後は都会など消費地で，この卸売業者が商品を小売業者に分散させる機能を担う。産地卸が一次卸で仲次卸が二次卸とすると，この卸売業者は三次卸となる。
□103 需　　要	商品やサービスを欲求する（側の）ことで，その主体は買い手となる。供給に対応する語である。
□104 商業集積 （集団立地）	小売業者が集団で立地して集積を作ることをいう。歴史的・自然発生的に形成された商店街と計画的・人工的に形成されたショッピングセンターがある。
□105 商　　圏	店舗に来店する消費者の地理的範囲をいう。
□106 証券会社	金融商品取引法にもとづいて証券業を営む株式会社のことをいう。主な業務として，証券の募集・引き受けや証券の売買業務などがある。
□107 証券取引所	有価証券の売買を円滑におこなうために，公正な価格で取引が成立するように設けられた具体的市場のことをいう。

□108 証券の引き受け （アンダーライティング業務）	顧客が株式や社債を発行するさいに，それを売り出すために証券会社がその全部または一部を引き受ける業務をいう。
□109 証券の募集	顧客が株式や社債を発行するさいに，発行者の委託によって証券会社が募集業務を代行することをいう。
□110 証書貸付	金融機関による貸付の一つで，借り手から借用証書をとって融資することをいう。原則として担保をとり，利息はふつう後払いである。
□111 商的流通 （取引流通）	生産者から消費者まで売買によって所有権が移転していく流れのことをいう。商流ともいう。これに対して，場所的・時間的な移転の流れを物流（物的流通）という。
□112 商店街	異なる業種の小売業者が，人びとが集まりやすい場所や交通の便のよい場所に自然発生的に集まっている集団立地あるいは商業集積のことをいう。
□113 商人	生産者と消費者の間にあって，商品の売買を主な仕事とするものをいう。
□114 消費生活協同組合	経済的に弱い立場の消費者が集まり，協力して設立する協同組合のことをいう。組合員の相互扶助による経済的地位の向上が目的である。
□115 消費生活の二極化傾向	生活必需品はできるだけ安く購入し，自分が気に入った商品やサービスは，多少高額であっても購入しようとする傾向のことをいう。
□116 消費地卸	都市部など消費地で，商品を小売業者に配送する卸売業者のことをいう。生産地で産地卸が商品を収集しているのに対して，消費地では分散機能を果たしているともいわれる。
□117 商品開発	新商品の企画・開発もしくは既存商品の改良から販売までの一連の流れのことをいう。
□118 情報管理 （情報処理）	情報を円滑にやりとりするためのビジネス活動をいう。主に情報通信業者がその担い手となる。
□119 情報的隔たり	生産者は，消費者がどんな商品やサービスをどのくらいの価格で欲しているかといった情報を十分にはもっていない。また消費者は，生産者のビジネスの動向については公表されたこと以外はわからない。こうした隔たりのことをいう。
□120 情報流	流通において，所有権の移転を商流，物理的な移動を物流というのに対して，生産者に関する情報や消費者のニーズに関する情報などの流れを総称していう語である。
□121 消耗品	製品の一部を構成しない，事業活動に必要な非耐久財のことをいう。

□122 商　　流	流通において，物理的な商品の移動を物流，生産者に関する情報や消費者のニーズに関する情報の流れを情報流というのに対して，所有権の移転の経路をさす用語である。
□123 ショールーミング	店舗(リアル店舗)で商品を比較検討し，実際の購入はインターネットでおこなうことをいう。この逆がウェブルーミングである。
□124 ショッピングセンター	専門の開発業者(デベロッパー)が建設・運営する計画的な小売業・飲食業・その他のサービス業からなる商業施設(商業集積)のことをいう。
□125 スーパーマーケット	セルフサービス方式を採用し，主として食料品を中心に大量仕入・大量販売をすることによって廉価販売をおこなう小売業者のことである。
□126 スマート家電	スマートフォンやタブレットなどと連携したり，インターネットと接続できたりする家庭用電気製品のことをいう。
□127 生活用品(消費財)	一般消費者が消費する商品で，買い物をするときに比較的多くみられる慣習(慣習的様式)にしたがって，最寄品・買回品・専門品に分類される。
□128 政 策 保 険	公共の立場から，一定の政策的見地にもとづいて国や地方公共団体がおこなう保険のことをいう。
□129 生　　産	農水産物や工業製品などさまざまな商品(もの)やサービスをつくりだすビジネス活動をいう。
□130 生産と消費の隔たり	社会的隔たり(人的隔たり)・場所的隔たり・時間的隔たり・情報的隔たり・価値的隔たりなど生産と消費の間にあるさまざまな隔たりを総称していう。
□131 生産の高度化	オートメーション装置や産業用ロボットなど新技術の開発や導入によって，生産性が飛躍的に増すことをいう。
□132 生産要素の希少性	土地・資本(機械装置など)・労働力の三大生産要素や情報は，人びとの欲求を満たせるほど十分には存在していないことをいう。
□133 生死混合保険	被保険者が死亡したさいに保険金が支払われる死亡保険と契約期間にわたり生存していた場合に保険金が支払われる生存保険を組み合わせた保険のことをいう。
□134 生 鮮 三 品	スーパーマーケットが主として取り扱う鮮魚・青果・精肉の3つを総称した用語である。
□135 製造小売業 　　(SPA)	生産から卸売・小売までを一体化した業態で，売り場の売れ筋商品を企画に反映させ，売れ筋商品の情報を生産現場と直結させて商品開発や在庫の調整に活用できる。英語表記は，Speciality store retailer of Private label Apparelの略である。

□136 製造物責任法 （PL法）	商品の欠陥により消費者に損害を与えた場合，製造業者（メーカー）などに損害賠償の責任を負うように規定した法律である。
□137 生 存 保 険	加入者が一定期間生存した場合に保険金が支払われる保険である。生命保険の一つとなる。
□138 政　　　　府	国や地方公共団体の執行主体のことをいう。なお，国や地方公共団体の経済活動については財政という。家計や企業から徴収した税金を主な資金として公的サービス（行政サービス）を提供する。
□139 政府系金融機関	特別な目的をもって設立された政府出資の金融機関のことをいう。日本政策金融公庫や独立行政法人住宅金融支援機構などがある。
□140 生 命 保 険	人間の生死に関する経済上の不安を取り除こうとする保険である。人の生命を失った場合の損害は，金額に見積もることができないので，保険金はあらかじめ契約した一定の金額で支払われる。
□141 設　　　　備	生産活動に用いられる機械装置などのことで，年数の経過によって価値を減少させる。製品の一部を構成しない点で原材料や部品とは異なり，耐久財である点で消耗品とは異なる。
□142 セルフサービス方式	顧客が売り場を自由に歩いて商品を選び，代金はまとめてレジ（レジスター）で支払う方式をいう。
□143 船 舶 輸 送 （水上輸送）	船舶を利用して水路で輸送することをいう。海洋上を輸送する海上輸送と，河川・湖沼を輸送する平水輸送とがあるが，海上輸送が中心を占めている。
□144 専 門 商 社	鉄鋼や食品など特定の分野に特化した商社のことをいう。
□145 専 門 店	洋服・家具・靴などのような買回品や，自動車・楽器・宝飾品などの専門品のうち，特定の種類または用途に取扱商品を絞り込み，品ぞろえの奥行きを深くする小売店を専門店という。
□146 専 門 品	生活用品（消費財）の分類の一つで，消費者が品質・デザイン・ブランド（商標）や販売する小売業者の名声や技術を信頼して購入する商品のことをいう。主に自動車・楽器・宝飾品など高価な商品が多い。
□147 総 合 商 社	多種多様な商品を取り扱い，貿易業務や資源・海洋・宇宙開発など大規模事業の支援などもおこなう卸売業者のことである。
□148 総合スーパー	最寄品を中心として買回品も一部含めた豊富な品ぞろえを特徴とする大規模な小売業者である。百貨店と類似している特徴ももつ。ただし，セルフサービス方式を採用して，廉価販売をおこなう点が百貨店とは異なる。
□149 倉 庫 業 者	倉庫を利用して，他人から寄託を受けた貨物を保管する業者のことを

いう。

□150 損害保険

　主として各種の財産上に生じる損害をてん補する保険である。保険事故が発生した場合，原則としてその損害の範囲内で保険金が支払われる。火災保険や自動車保険などがある。

□151 第一次産業

　産業分類の一つで，農業・林業，漁業が構成する産業のことをいう。

□152 第三次産業

　産業分類の一つで，第一次産業と第二次産業以外の事業で構成される。情報通信業，運輸業・郵便業，卸売業・小売業，金融業・保険業，サービス業などがその例である。

□153 第二次産業

　産業分類の一つで，鉱業・採石業・砂利採取業，建設業，製造業が構成する産業のことをいう。

□154 対面販売

　販売員が顧客と対面し，商品説明などをおこないながら商品を販売する方式のことをいう。

□155 多品種少量生産

　さまざまな種類の商品を少しずつ生産していく生産方式のことをいう。これとは反対に単品を大量生産することを単品大量生産ということもある。

□156 短期金融

　貸し出した資金の返済期間が１年未満のものをいう。主に商品の仕入代金や原材料や部品などの購入資金，給料の支払いといった運転資金として利用されることが多い。

□157 チェーン化

　レギュラーチェーン（またはコーポレートチェーン，チェーンストア）・ボランタリーチェーン・フランチャイズチェーンのように，複数の店舗によって商圏を広げて規模を拡大することをいう。

□158 チェーンストア（またはレギュラーチェーン，コーポレートチェーン）

　単一の企業が同じ形態または類似した多数の店舗を設け，中央本部が集中的に管理・運営する大規模な小売業者の形態をいう。また，一方では消費者の身近に出店した各店舗に販売の責任を負わせて，売上高の拡大をめざす。本部では商品の一括大量仕入をおこない，在庫の保管や広告宣伝なども本部で集中的におこなうことにより，コストの削減をおこなっている。

□159 中央卸売市場

　生鮮食料品の安定供給を実現するために，主要都市に設置されている具体的市場である。市場での取引は卸売業者と仲卸業者を中心に，せり売りなどの方法でおこなわれる。

□160 中央銀行

　EUなどの国家連合や国家の金融機構の中心となる金融機関のことをいう。日本の場合には日本銀行で，EUの場合には欧州中央銀行が相当する。

□161 長期金融

　貸し出した資金の返済期間が１年を超えるものをいう。主に企業の設

備資金として用いられる。

□162 直接金融

　資金の供給者が，企業によって発行された株式や債券(社債)などを購入することによって，企業に直接的に資金を融通することをいう。

□163 直接流通

　生産者が消費者に直接商品を販売することをいう。たとえば石川県輪島市の朝市やデル・コンピュータによるコンピュータの直接販売，生産者農家が複数集まって農産物を販売するファーマーズ・マーケットなどがある。

□164 貯　　蓄

　家計において，所得(収入)から銀行に預けた預金などを総称していう語である。部分的に解約返戻金や満期保険金を受け取れる生命保険が含まれることもある。

□165 通信販売

　新聞・雑誌・テレビ・インターネットなどの広告を通じて，あるいはカタログやダイレクトメールを見込客に送付するなどして，電話や電子メール，ファックスなどで注文を受けて，商品を販売する方式をいう。

□166 定期船運送
　　　(ライナー運送)

　一定の航路を定期的に運行する定期船(ライナー)による海上輸送のことをいう。これに対して，航路や時期にかかわりなく運行する不定期船(トランパー)による海上輸送を不定期船運送という。

□167 ディスカウントストア

　割引(ディスカウント)販売を実施している小売業者のことをいう。消費財を中心に幅広い品ぞろえを展開している総合ディスカウントストアと，取扱商品を絞り込んで専門的な品ぞろえを展開している専門ディスカウントストア(カテゴリーキラー)の2つに分類される。

□168 ディベロッパー
　　　(デベロッパー)

　計画的に建設・運営されるショッピングセンターなどを開発する業者(開発業者)のことをいう。不動産会社や建設会社，鉄道会社などのほかに，総合スーパーが開発を手掛けることもある。

□169 手形貸付

　借り手に銀行あての約束手形を振り出させて，資金を融通することをいう。

□170 手形割引

　借り手である企業が保有している約束手形や為替手形を裏書譲渡によって満期日以前に買い取ることによって，資金を融通することをいう。このとき銀行は一定の手数料を額面金額から差し引いて収益とする。

□171 デジタル・トランス
　　　フォーメーション

　人工知能(AI)・IoT・ビッグデータなど情報通信技術の発達によって，日常生活やビジネスがより良い方向に変化することを示す語句である。

□172 鉄道輸送

　線路などの軌道を通路として，鉄道によって貨物を輸送することをいう。大量の貨物を一度に輸送でき，国内輸送に関しては安全性が高く，時間の正確性が高い。環境に対する負荷という視点でも最良の輸送といえる。

| □173 テナント | ショッピングセンターなどの一画を借り受けて，店舗や事務所として利用する借り主のことをいう。そのなかでもショッピングセンター全体の集客に役立つ核となるテナントのことをキーテナントや核店舗などという。 |

| □174 電子商取引 | インターネットを用いて商品やサービスの売買をおこなうことをいう。単にECあるいはeコマースという場合もある。 |

| □175 店舗販売 | 実際に店舗で商品やサービスを販売することをいい，有店舗販売ということもある。一般小売店・百貨店・総合スーパー・スーパーマーケット・専門店・ホームセンター・ドラッグストア・コンビニエンスストアなどはすべて店舗で商品を販売している。 |

| □176 当座貸越
（当座貸越契約） | あらかじめ契約で一定限度額まで当座預金口座の残高以上の小切手の振り出しを銀行が認めることがある。この契約のことをいい，企業の立場からみると「当座借越」となる。 |

| □177 都市型小規模スーパーマーケット | 首都圏など都心に出店している小型のスーパーマーケットのことをいう。超高齢社会をむかえて高齢者は郊外にある大規模な店舗よりも，身近な店舗での買い物を志向するようになってきたことや単身者の増加などに対応している。総菜など一定の品ぞろえがあり利便性が高い。 |

| □178 ドラッグストア | セルフサービス方式を採用しており，健康と美容に関する医薬品や化粧品を中心に日用雑貨や加工食品など日常性の強い商品を低価格で販売している小売業者である。 |

| □179 取引総数最小化の原理
（最小総取引数の原理） | 卸売業者が介在することによって，総取引数を最小にすることができる原理をいう。たとえば生産者が4，小売業者が8いる場合に総取引数は32（＝4×8）となるが，卸売業者が2介在すると，総取引数は24（＝4×2＋2×8）と少なくなる。 |

| □180 トレーサビリティ | 商品の生産から消費までの流れを追跡可能にしておくことをいう。 |

| □181 トレード・オフ | 二つの選択肢がある場合に，一方を選択すれば他方を断念しなければならないという二律背反の関係をいう。 |

| □182 問屋 | 卸売業者全般をさした俗称である。卸売業者が集積している町のことを問屋街ということもある。 |

| □183 仲継機能 | 生産地で分散している生産者から農産物などを卸売業者（産地卸）が買い集める機能を収集機能という。また都市部などの消費地で卸売業者（消費地卸）が小売業者に商品を小口に分けて配送する機能を分散機能という。この収集機能と分散機能の間に介在する卸売業者（仲継卸）が担当する機能のことをいう。 |

| □184 中抜き | 卸売業者を介在させずに生産者と小売業者が直接取引をすることをい |

う。

□185 ナショナルブランド　製造業(メーカー)などの生産者がつけるブランドのことをいう。一方,売買業者がつけるブランドのことをプライベートブランドという。

□186 二　次　卸　一次卸から商品を仕入れ,これを小売業者や大口消費者に販売する卸売業者のことをいう。一次卸から商品を仕入れて,三次卸に販売することもある。

□187 ニッチ産業　「すきま産業」ともいい,市場の規模が小さいため大企業が進出してこない市場のことをいう。主に中小企業やベンチャー企業によって商品やサービスが供給される。

□188 日本銀行　日本銀行法にもとづいて,民間出資45％と政府出資55％で設立された日本の中央銀行のことである。

□189 荷　　役　商品を輸送するさいの積み込みや取り下ろし,商品を保管するさいの入庫や出庫に関連する作業のことをいう。

□190 ネットスーパー　インターネットで注文し,店舗(リアル店舗)から食品や日用品を従業員が配送してくれるスーパーマーケットのことをいう。

□191 ネットバンキング（インターネットバンキング）　インターネットを利用した銀行取引などの金融サービスのことをいう。たとえばスマートフォンなどで残高照会や振込などをおこなうことである。

□192 農業協同組合　農業者が共同で,購買・販売・保管・輸送・検査・金融などの事業をおこなう協同組合組織である。

□193 売　　買　生産されたものを仕入れて販売し,その所有権を生産者から消費者へ移転させるビジネス活動のことをいう。

□194 場所的な平準化　商品を生産地から消費地に輸送することで,地域による商品の価格差がなくなることをいう。

□195 場所的な隔たり（空間的な隔たり）　商品の生産と消費において,生産地と消費地が異なることをいう。この隔たりを埋める機能が,輸送(運送)である。

□196 販売会社 (代理店)　特定の生産者の商品を専門に販売する卸売業者のことをいう。生産者が自社の販売力を強化するために設立することが多い。

□197 パレチゼーション　パレットの上に貨物を積載し,フォークリフトを活用して荷役を効率的におこなうしくみのことをいう。パレットの大きさについては標準化が進んでおり,パレットに貨物を載せたまま輸送を完了することもできる。

□198 被保険者　生命保険で保険をかけられる人のことをいう。保険者(保険会社)と保

険契約を締結する人のことを保険契約者(加入者)といい，通常は保険契約者と同一人であるが，そうでない場合もある。

□199 **百 貨 店**

買回品を中心に，最寄品から専門品まで多種類の商品をそろえて販売する大規模な小売業者である。都市の中心や駅周辺などの繁華街に立地して，部門ごとの売り場に分けて対面販売する。デパートメントストアともいう。

□200 **費用対効果**

費用に対してどれだけの効果がでたのかを表す割合や指標のことである。コストパフォーマンスともいう。

□201 **不景気(不況)**

家計や企業の消費活動や投資活動が減退することをいう。多くの場合，企業の倒産や失業者の増加をまねくので，政府による政策的な調整が必要になる。逆に消費活動や投資活動が活発な状態を好景気(好況)という。

□202 **普 通 銀 行**

民間金融機関のなかでも，特に短期金融を中心とし，全国的な展開をみせる都市銀行，地方に基盤をおく地方銀行や第二地方銀行を総称していう用語である。

□203 **普 通 保 険**

希望すれば原則としてだれでも任意に加入できる一般の保険のことをいう。加入者の利益を守ることを目的とした保険であり，対象とする危険(リスク)の種類によって，損害保険と生命保険に大別できる。

□204 **物的流通(物流)**

商品の移動を場所的・時間的にとらえた流通のことをいう。一方，流通を所有権の移転としてとらえた場合には，取引流通あるいは商的流通などという。

□205 **物 品 貨 幣**

物々交換が発達してくると，多くの人びとが価値を認め，交換に応じる特定の「もの」を媒介物として交換をおこなうようになる。このとき用いられた石・穀物・布帛(ふはく)といった媒介物のことをいう。

□206 **物 々 交 換**

物と物との直接交換のことをいう。自給自足の経済から，生産技術や道具などの発達によって余剰生産物がうまれると，集団と集団の間で物と物との直接交換がおこなわれるようになった。

□207 **物 流 危 機**

物流によって運んでほしい貨物が増えている一方で，人手不足などにより貨物の輸送能力は減少傾向にある。こうした物流への需要の高まりと輸送能力の限界によって発生する「危機」のことをいう。

□208 **物流センター**

商品を正確・迅速に配送し，商品の保管だけでなく検品・梱包・組み立てなどの流通加工などもおこなう施設のことをいう。これに対して，一定期間にわたり商品を保管するだけの施設を倉庫という。

□209 **不定期船運送**
　　　(トランパー運送)

特定の航路を定めずに運行する船舶によって，貨物を輸送することをいう。

| □210 部　　品 | 直接製品の一部を構成する生産財（産業用品）で，製造・加工することなく製品の一部となるものである。これに対して，直接製品の一部を構成する生産財（産業用品）で，製造・加工の過程で物理的・化学的変化を生じるものを原材料という。 |

□211 プライベートブランド

卸売業者や小売業者など売買業者がつけるブランドのことをいう。このとき商品開発は売買業者がおこない，製造は生産者に委託する。完成した商品については売買業者が一括大量仕入をおこなうので，その仕入原価は大幅に低くなる。

□212 フランチャイザー

フランチャイズシステムにおける本部のことをいう。

□213 フランチャイジー

フランチャイズシステムにおける加盟店のことをいう。

□214 フランチャイズ
　　　チェーン

市場性があるオリジナリティの高い商品やサービスを開発した企業が本部（フランチャイザー）となり，加盟店（フランチャイジー）を集めて一定の地域における販売の権利を与え，商品の供給や経営指導などをおこなうチェーンのことである。加盟店（フランチャイジー）はその対価として，一定のロイヤリティ（権利使用料や納入金）を支払う。

□215 ブランド

生産者や売買業者が，自己の商品に責任をもち，他社の商品と区別するためにつける特別の記号や文字などのことをいう。近年，品質評価の手がかりとして，その重要性が増してきている。

□216 フリーミアム

フリー（無料）とプレミアム（割増料金）を組み合わせた造語で，無料版で商品やサービスの使い勝手を知ってもらい，有料版の販売を拡大するビジネスモデルである。情報通信技術の発達を受けて拡大しており，たとえばアイテム課金制のインターネットゲームなどはその例である。

□217 フレイター

航空輸送において，貨物専用機のことをいう。

□218 フレートライナー

トラックで貨物基地に集荷したコンテナを鉄道輸送で別の貨物基地に輸送し，そこから再びトラックで輸送することをいう。複数の輸送手段を組み合わせる複合一貫輸送の一つである。

□219 分　　業

生産や仕事の工程を複数人で分けることをいう。社会的分業と技術的分業がある。社会的分業とは職業的分業のことであり，技術的分業とは生産工程を分割して，複数人がそれぞれの工程を担当することである。

□220 平 水 輸 送

河川や湖沼を船舶で輸送することをいう。一方，海洋上を船舶で輸送することを海上輸送という。

□221 ポイントカード

企業が顧客の利用金額や購入回数などに応じてポイントを発行し，顧客がそのポイントを蓄積して商品の購入代金などにあてることができるカードである。スマートフォンなどの画面でも利用できるものがある。顧客の継続購買を促進できるほか，詳細な顧客情報や購買履歴を蓄積す

ることができる。

□222 包　　装

　商品の破損・変質・減量などを防ぐとともに，輸送・保管・荷役作業を効率化するために商品を一定単位にまとめることなどをいう。

□223 訪 問 販 売

　販売員が見込客の家庭や職場を個別に訪問して，店舗外で商品の引き渡しと代金の受け取りをおこなう販売方法である。

□224 ホームセンター
　　　（DIY店）

　日曜大工用品を中心に自動車用品・園芸用品・家庭用品など生活関連の商品を幅広くそろえた大型の小売業者のことをいう。DIYは「Do It Yourself」の略である。

□225 保　　管

　生産と消費の時間的隔たりを埋めるために，生産された商品を必要な時期まで安全にしまっておくビジネス活動をいう。主にこのビジネス活動は倉庫業者が担当する。

□226 保　　険

　事故の危険（リスク）にそなえて，事故発生によって生じた損害を埋め合わせるビジネス活動をいう。

□227 保 険 会 社

　不慮の事故や天災などによる経済的損失を補償する損害保険会社や生命保険会社のことをいう。

□228 保 険 価 額

　「保険の目的」（損害保険をかけた家屋など）の価値の見積額のことをいう。

□229 保険加入者

　保険料を支払う人で，保険者と保険契約を結ぶ保険契約者と同じ人になる。

□230 保険者（保険業者）

　保険会社など，保険を引き受ける会社や機関を保険者（保険業者）という。

□231 保　険　金

　保険事故が発生して損害をこうむった被災者（被保険者）に支払われる資金を保険金という。

$$損害額 \times \frac{保険金額（契約金額）}{保険価額（時価）}\ で計算される。$$

□232 保 険 金 額

　保険事故が発生した場合に，保険会社が支払うべき金額の最高限度として，保険契約で定めた金額のことをいう。

□233 保険契約者

　特定の危機にそなえて保険に加入する保険契約の当事者で，保険料を支払う保険加入者でもある。

□234 保 険 事 故

　保険契約により保険者が引き受けている特定の危険が，現実になることをいう。

□235 保険の目的

　保険の対象となるものをいう。たとえば火災保険を家屋にかけた場合には，その家屋のことである。

□236 保　険　料	保険契約者が，契約時に保険金額に応じて保険者に払い込む資金のことをいう。
□237 ボランタリーチェーン	多数の独立した小売業者が一つの大きな組織をつくり，共同仕入や共同広告などを本部の管理・統制のもとに集中的におこない，レギュラーチェーン（コーポレートチェーン）の長所を取り入れ，大規模経営の利益を得ようとするチェーン組織のことをいう。
□238 民間金融機関	普通銀行・信託銀行・信用金庫・証券会社など民間の出資による金融機関の総称である。
□239 民間放送	広告主（スポンサー）による広告料を収益源として運営している民間の放送のことをいう。
□240 無　形　財	サービスのように形をもたない財のことをいう。
□241 無店舗販売	通信販売・訪問販売・自動販売機による販売など店舗をもたずに商品を販売することをいう。
□242 モータリゼーション	自動車による移動が日常生活に組み込まれ，自家用自動車の利用が進むことをいう。郊外に立地する店舗では，これに対応して駐車場を設置していることが多く，都市部でも百貨店やディスカウントストアなどの大規模な小売業者は駐車場を設置することが増えている。
□243 モーダルシフト	二酸化炭素排出量が多い自動車輸送から，環境負荷が小さい鉄道や船舶などの輸送に切り替えて，環境負荷の軽減をはかることをいう。
□244 最　寄　品	生活用品（消費財）の分類の一つで，一般食料品や日用雑貨品などのように，消費者が近くの店舗で毎日購入するような商品のことをいう。
□245 輸　　　送	貨物などものを運ぶ事業活動のことをいう。主に運送業者がこの事業活動を担当する。
□246 ユニットロードシステム	コンテナに貨物を収納したり，パレット上に貨物を積載したりして，貨物を標準化した一定の単位にまとめて輸送することをいう。
□247 容器包装リサイクル法	製造業者（メーカー）に，自社の商品の容器・包装を回収し，リサイクルすることを義務付けている法律である。
□248 要求払い預金	預入期間の定めがなく，預金者の請求（要求）によって，ただちに引き出すことができる預金のことをいう。
□249 預金業務	金融機関の業務の一つで，預金者などから広く余裕資金を預かる業務のことをいう。受信業務ということもある。
□250 陸上輸送	線路や道路を通路とする鉄道輸送や自動車輸送などのことをいう。
□251 リ　ス　ク	風水害や盗難など通常予想されない被害が発生する可能性のことをい

う。危険ともいう。

□252 リテールサポート　店舗設計や商品陳列などのアドバイスや情報システムの支援など卸売業者が小売業者へおこなう経営・販売支援活動のことをいう。

□253 流　　　通　　生産されたものを生産者から消費者まで円滑に移転させることをいう。

□254 流 通 加 工　　生産された商品により高い付加価値をもたせるために，流通の過程でおこなわれる小分けやラベル貼り，詰め合わせなどの作業。

□255 流 通 経 路　　生産者から消費者へ商品がどのような経路で流通するのかといった商品の「流れ」のことをいう。

□256 レギュラーチェーン　単一の企業が各地に同じ形態または類似した多数の店舗を開設し，中央本部で集中的に管理・運営するチェーン組織のことをいう。コーポレートチェーンまたはチェーンストアともいう。

□257 ロイヤリティ　　フランチャイズチェーンにおいて，フランチャイジー（加盟店）がフランチャイザー（本部）に対して支払う納入金または権利使用料のことをいう。

□258 ローコストオペレーション　仕入価格の低減や販売費及び一般管理費の削減など経営上のあらゆる費用構造を分析して費用を削減しつつ，商品やサービスの品質は下げないように効率的に経営をおこなうことをいう。

□259 路 上 販 売　　通行人など不特定多数を対象にして道路上で商品を販売することをいう。訪問販売に含められることもある。

□260 ワンストップショッピング　一つの店舗で多種類の商品をまとめて購入できることをいう。百貨店やショッピングセンターなどでは，これが可能である。

企業活動

□001 4P（政策）　　マーケティングを商品・価格・流通・販売促進の4つの観点で分類し，働きかけをおこなうことをいう。「4つのP」と表現することもある。

□002 C R M　　カスタマー・リレーションシップ・マネジメントの略称で，顧客関係管理という意味である。顧客に対して適正対応をとり，良好な関係を築くことで長期にわたって収益を計上していこうとする考え方である。

□003 N P O　　環境問題や慈善活動など社会的な課題の解決に取り組む特定非営利活動法人のことをいう。

□004 STP（分析）　　市場全体を何らかの基準で細分化し（セグメンテーション），細分化された市場のなかから標的とする「層」に狙いをさだめ（ターゲティング），そのなかで競合他社との差別化（差異化）をはかること（ポジショニング）

をいう。

□005 SWOT分析　　自社の内部環境を「強み」と「弱み」，外部環境を「機会」と「脅威」に分類して，マーケティングの方向性など企業活動を具体化するために用いられる分析である。

□006 パートタイマー・　　時間給などで一定時間にわたり勤務する形態の労働者のことをいう。
アルバイト　　パートタイム労働者，アルバイト労働者ということもある。

□007 一 括 採 用　　毎年決まった時期に高校や大学を卒業したばかりの人間を一括して正規雇用で採用することをいう。新卒一括採用ともいう。

□008 イノベーション　　新しい商品の開発や市場の開拓，新しいビジネスのしくみや経営組織の形成によって新たに社会的な価値を生み出すことをいう。

□009 ウ ォ ン ツ　　ニーズを充足するために，具体的な商品やサービスを欲することをいう。たとえば「のどが渇いた」は「不足している状態」を示すニーズであり，「コーラを飲みたい」はウォンツということになる。

□010 請　　　　負　　他社の一定の仕事を受注して，仕事の完成に対して報酬を受け取り，経費と時間は受注した会社の責任とすることをいう。この形態で働く労働者のことを「請負労働者」ということもある。

□011 売上総利益　　売上高から売上原価を差し引いて計算される利益のことをいう。単に「粗利」という場合もある。

□012 運 転 資 金　　原材料の仕入れや従業員の給料の支払いなど，日常的・短期的に繰り返される用途にあてられる資金のことをいう。

□013 営 業 利 益　　売上総利益から販売費及び一般管理費を差し引いて算定する利益のことである。

□014 営 利 企 業　　営利を目的とする私企業のことをいう。たとえば個人事業主が経営する個人企業や株式会社や合名会社などの会社企業が相当する。

□015 会 計 責 任　　株式会社は，株主から出資された資金をしっかり管理し，どれだけ効率的に運営していたのかを報告・説明する責任を負っている。この責任のことをいう。

□016 (資金の)回転期間　　生産要素に投下された資金が回収されるまでの時間的な長さのことをいう。

□017 外発的動機付け　　外部からもたらされる報酬・懲罰・強制などによってモチベーション（動機付け）をはかることをいう。

□018 価 格 政 策　　値下げしたり，端数の価格を活用したりして売上高の増加をはかる政策のことをいう。

□019 確定申告　　　所得税や法人税など申告納税制度を採用している税金で，課税所得や税額を確定するために納税義務者がおこなう申告のことをいう。

□020 株　　　式　　　株式会社に対する均一に細分化された出資の単位のことをいう。株式会社の出資者である株主の権利は，これにもとづいて行使される。

□021 株 式 会 社　　　株式を発行して出資をつのり，設立される方式の会社のことをいう。

□022 株 式 金 融　　　株式を発行して出資をつのり，資金を集めることをいう。

□023 株 式 公 開　　　株式を証券取引所などで売買できるようにし，自由に譲渡できるようにすることをいう。

□024 株　　　主　　　株式会社は株式を発行して資金を調達するが，この資金の出資者のことをいう。

□025 株 主 総 会　　　株式会社の最高意思決定機関で，株式会社の基本方針や重要な議案について意思決定をおこなう機関である。

□026 借 入 金 融　　　企業が金融機関などから資金を借り入れることをいう。単に「借り入れ」という場合もある。

□027 監　　　査　　　特定のことがらに対して第三者が調査をおこない，その信頼性を保証することをいう。特に公認会計士や監査法人が財務諸表の信頼性を保証することを会計監査という。

□028 監査等委員会設置会社　　　主に社外取締役が監査等委員会を通じて取締役の業務を監査する会社のことをいう。監査等委員会は，取締役3人以上（過半数は社外取締役）で構成され，監査等委員は株主総会で選任される。

□029 監　査　役　　　取締役の職務執行を監査する機関のことをいう。

□030 監 査 役 会　　　3人以上の監査役（半数以上が社外監査役）で構成される株式会社の機関をいう。

□031 監査役会設置会社　　　公開会社かつ大会社で，監査役会が設置されている株式会社のことをいう。監査役会では，株主にかわって取締役の業務執行を監査する。

□032 間 接 税　　　税を納める人（納税者）と税を負担する人（担税者）が異なる税金のことをいう。たとえば消費税・酒税・たばこ税などがある。

□033 起業家精神
　　　（企業家精神）　　　経済事業を通じて社会に貢献することを目的に，企業を起こそうとする創造的精神のことをいう。アントレプレナーともいう。

□034 企 業 統 治
　　　（コーポレート・
　　　ガバナンス）　　　さまざまな利害関係者のことを考慮したうえで，適正・適法で透明な意思決定をおこなう企業のしくみのことである。したがって，一部の経営者の恣意的判断や企業倫理からの逸脱が防止されることになる。

☐035 企業の社会的責任 （CSR）	環境問題への取り組みや人権問題への配慮など企業が社会全体に負っている責任のことをいう。
☐036 企業倫理	企業がビジネスを展開するうえで，最も重要で守るべき規範となる考え方のことをいう。個人の倫理観に相当する。
☐037 競争戦略	同一の市場で競合する競合他社に打ち勝つための戦略をいう。具体的には低価格で競争するコスト・リーダーシップ戦略や差別化を重視する差別化戦略などがある。
☐038 競争優位	競合他社との競争のなかで，自社が確保しようとする優位性や独自性のことをいう。たとえば自社のブランドのほうが競合他社のブランドよりも知名度があるならば，ブランドにおいては競争優位を確保していることになる。
☐039 共同企業	２人以上の出資によって設立された私企業のことをいう。
☐040 協同組合	経済取引上弱い立場にある消費者，小規模な農業者や漁業者，大規模な企業と競争上不利な地位におかれている商工業者などが多数集まり，相互扶助の精神で協力して設立する事業組織をいう。
☐041 クラウドファン ディング	群衆からインターネットを通じて資金調達する手法である。支援金の対価は必ずしも金銭とは限らず，個人事業主の資金調達の手段としても有力なものとなっている。
☐042 経営	企業における事業運営上の最高活動のことをいう。単にマネジメントということもある。
☐043 経営者	経営を担う人のことをいう。たとえば社長・副社長・専務取締役などとよばれる人が相当する。
☐044 経営理念	ビジネスを展開するさいに，利益だけでなく，事業を通じて社会に貢献していこうとする理念のことをさす。
☐045 契約社員	企業と有期の雇用契約を結んで仕事に従事する労働者のことをいう。
☐046 健康保険	病気やけがをしたときに，治療費を給付する社会保険のことをいう。
☐047 源泉徴収制度	会社などの法人に雇用された従業員の給料に課税される所得税については，本来の納税義務者である従業員ではなく，企業が給料を支払うさいにあらかじめ差し引いておき，従業員に代わって納付する。この所得税に関する納付のしくみのことをいう。
☐048 公開会社	全部または一部の株式について譲渡の自由が認められている株式会社のことをいう。
☐049 公企業	国や地方公共団体の出資によって設立された企業のことをいう。公共

性の強い事業内容で，営利を目的としないで活動している。

□050 **合 資 会 社**　　無限責任社員のほかに有限責任社員を加えて，設立される会社である。原則として，社員全員が合議によって経営をおこなうタイプの会社である。

□051 **公私合同企業**　　国や地方公共団体などの「公」と民間の共同出資によって設立された企業のことをいう。

□052 **構成員課税方式**　　パススルー課税ともいう。会社企業では，構成員と企業の法人格をそれぞれ別個に考える。その結果，会社企業の利益にまず法人税が課税され，分配された利益についても所得税が課税されることになる。有限責任事業組合は法人格をもたないので，税金は有限責任事業組合を構成する構成員に所得税のみが課税され，税金の負担が軽くなる。このしくみのことをいう。

□053 **合 同 会 社**　　有限責任社員のみで構成される共同企業で，社員の議決権や利益配分の割合などを定款で自由に決めることができる会社である。

□054 **国　　　税**　　国に納付する税金のことをいう。たとえば所得税・法人税・相続税・消費税などがある。一方，地方公共団体に納付する税金のことを地方税という。

□055 **個 人 企 業**　　個人の出資による企業のことをいう。個人企業の経営者のことを個人事業主ともいう。

□056 **固 定 資 産 税**　　毎年1月1日現在で保有している土地，建物，機械装置などの固定資産に対して課される税のことをいう。

□057 **雇 用 契 約**　　従業員と企業の間で結ばれる労働力の提供と賃金の支払いなどに関する契約のことをいう。

□058 **雇 用 保 険**　　従業員が失業した場合などに，一定の所得保障などをおこなう社会保険制度のことをいう。保険料の一部は企業が負担する。

□059 **財 務 諸 表**　　企業が作成する貸借対照表や損益計算書などの書類のことをいう。

□060 **私 企 業**　　民間の個人や団体が出資者となって設立した企業をいう。一個人の出資による個人企業と，複数の出資者によって運営される共同企業がある。共同企業は企業に法人格（法律上の人格）が与えられる法人企業でもある。原則として，利益（利潤）をあげて，さらに成長・発展していくことを目的にしている。

□061 **事 業 税**
（法人事業税）　　事業を営んでいる会社などの法人の利益に，行政サービスの負担という意味で課税される税金である。

□062 **事業部制組織**　　複数の事業を営む企業で，事業部ごとに経営資源を組織化したしくみ

のことをいう。事業部ごとに必要な機能がそなわっていることから，意思決定が迅速になるというメリットがある。その反面，企業全体からみるとコストの上昇につながりやすいというデメリットもある。

□063 自己金融

企業みずからが得た利益の一部を内部に積み立て，その内部留保を資金の調達源泉として利用する方法をいう。企業自身の自由が最もきく資金調達方法である。

□064 失業率

労働力人口に対する失業者の割合のことをいう。失業者とは，就業する意思と能力があるのに就職できない状態にある者をさし，就業意欲をなくした場合には失業者には分類されない。

□065 指名委員会等設置会社

取締役会のなかに社外取締役が中心となった指名委員会・監査委員会・報酬委員会を設置する株式会社のことをいう。取締役の業務監査には監査委員会があたる。取締役会は経営の意思決定のみをおこない，経営業務の執行は執行役が担当する。

□066 社外取締役制度

企業統治(コーポレート・ガバナンス)を達成するために，社外から経営者や有識者を取締役としてむかえ，取締役会の監督機能の強化や業務執行の適正さを確保するしくみをいう。

□067 社会保険制度

国民の生活の保障と安定のために，将来の特定の不幸な出来事にそなえる保険制度のことである。具体的には，健康保険や介護保険，年金保険，雇用保険，労働者災害補償保険(労災保険)などがある。

□068 社債金融

企業が社債を発行して，金融市場から資金を借り入れることをいう。巨額の長期資金を確保するためにおこなわれ，設備資金の調達方法として有用である。

□069 終身雇用

始業時間から終業時間までフルタイムで勤務し，定年退職まで正規雇用の身分が保証されている制度のことをいう。

□070 収入印紙

印紙税の納付などに用いられる国(財務省)が発行する証ひょうのことをいう。

□071 住民税

それぞれの区域内に住んでいる住民および事業所などを有する企業などが，都道府県や市区町村に納付する税金のことをいう。道府県民税と市町村民税がある。

□072 受託責任

出資者から預かった資金を，責任をもって運用・保管することをいう。

□073 出資金融

出資者に資金調達をあおぐことをいう。株式会社では，株式を発行して株主に出資をあおぐことから株式金融ともいう。

□074 純資産

資産から負債を差し引いた部分であり，主に株主に帰属する資本と積み立てた利益などで構成される。

□075 **上 場 会 社**　　株式を証券市場で公開し，だれもがその株式を自由に売買できる株式会社のことをいう。

□076 **消 費 税**　　消費者が負担し事業者が納税する間接税で，消費に対して広く一般に課税される税金である。

□077 **職　　能**　　特定の専門的な職種や職業，業務上の役割や機能などのことをいう。

□078 **職能別組織**　　販売や仕入など職能に応じて編成された組織（経営組織）のことをいう。同じ業務を同じ部署でおこなうため，従業員相互のコミュニケーションが密となり，ノウハウなどが蓄積されやすいというメリットがある。その反面，部署ごとに「壁」ができて企業全体からみるとコミュニケーションがとりにくくなるというデメリットがある。

□079 **職務給制度**　　職務の内容が高度であればあるほど，あるいは責任が重ければ重いほど高い給料を支払う制度のことをいう。同一労働同一賃金制度や成果主義賃金制度などと適合しやすい。

□080 **所 得 税**　　所得に対して課税される税金のことをいう。

□081 **所有（資本）と経営の分離（出資と経営の分離）**　　企業の規模が大きくなると出資した人と専門的に経営にあたる人が分離していくことをさす。たとえば大会社などでは，株主ではなく専門経営者が取締役に就任する傾向が強くなる。

□082 **申告納税制度（申告納税方式）**　　納税者が納付すべき税を自分で計算し，それを申告して税額を確定する制度または方式をいう。これに対して，納付すべき税額を国や地方公共団体が確定する方式を賦課課税方式という。

□083 **垂直的分化**　　企業の規模が大きくなると，管理部門が分化して最高管理者・中間管理者・現場管理者・作業部門（一般従業員）に分かれる。このように管理の階層が上下に分化していくことをいう。

□084 **水平的分化**　　企業内の基本的な仕事が仕入・製造・販売などのように，作業の内容に応じて分化していくことをいう。

□085 **スタートアップ（ベンチャー企業）**　　新技術や革新的なアイデアをもとに創業したばかりの企業のことをいう。

□086 **成 果 主 義**　　業務の結果を賃金に反映させる制度のことをいう。成果主義型賃金あるいは成果主義型賃金制度ということもある。一方，年齢や勤続年数に応じて賃金が上昇していく制度を年功序列型賃金制度という。

□087 **正 規 雇 用**　　いわゆる「正社員」の雇用形態のことをいう。長期雇用が前提で，収入が安定しているほか，将来の人生設計がたてやすい雇用形態である。

□088 **製 品 政 策**　　「どのような製品やサービスを提供するべきか」「どのような機能を製品に付着するべきか」など製品やサービスにかかわるさまざまな政策の

ことをいう。

□089 セグメンテーション

なんらかの基準をもとに市場を細分化することをいう。その中で自社が標的とする市場の「層」を選びだすことをターゲティングといい，選び抜いた市場の「層」のなかで自社の立ち位置を決めることをポジショニングという。

□090 設 備 資 金

工場や支店の建設あるいは設備の購入など，長期にわたって事業を支える要素に投じられる資金のことをいう。

□091 説 明 責 任

アカウンタビリティともいう。資金を出資してもらった場合には出資者に，地域に影響がでる場合には地域住民に説明をしなければならないという考え方をさす。法令遵守の考え方では，法令を遵守しない場合には，利害関係者（ステークホルダー）に対して説明をする義務があると考える。

□092 全 社 戦 略

複数の事業を展開する企業が全体として示す基本的な戦略のことをいう。

□093 ソーシャルビジネス

社会的な課題の解決をめざすビジネスのことをいう。たとえば認定NPO法人が手がけている病児保育などがその例である。

□094 損益計算書

一定期間にわたる企業の経営成績を示す財務諸表である。これに対して一定時点の財政状態を示す財務諸表を貸借対照表という。

□095 ターゲティング

何らかの基準で市場を細分化（セグメンテーション）した後に，特定の「層」を標的として選びだすことをいう。

□096 大 会 社

資本金額5億円以上，または負債総額200億円以上の株式会社のことをいう。

□097 貸借対照表

一定時点の企業の財政状態を示す財務諸表のことをいう。資産・負債・純資産の三つの部で構成されている。

□098 ダイバーシティ

人種・民族・文化・言語・国籍・考え方・働き方などが異なるさまざまな人が共に存在する多様な状況のことをいう。多様な価値観が併存することで新しい価値観が生まれることが期待される。

□099 男女雇用機会均等法

性別を理由とした雇用の差別を禁止している法律である。

□100 地 方 税

地方公共団体に納付する税のことをいう。

□101 中 間 申 告

事業年度が6か月を超える会社などの法人は，期首より6か月を経過した日から2か月以内に前期の確定年税額などにもとづいて申告をおこなわなければならない。この申告のことをいう。

□102 超高齢社会

65歳以上の高齢者人口の割合が全人口の21%を超えた社会をいう。我

が国では2010（平成22）年から65歳以上の高齢者人口の割合は23％を超えている。

□103 直接税

納税者と担税者が一致しており，納税者が直接納付する税金のことをいう。たとえば所得税や法人税など所得にかかる税や，相続税や固定資産税など財産に課される税がある。

□104 定款

会社の基本原則のことをいい，法人として権利を得たり，義務を負ったりするためには，これを官庁に届けなければならない。

□105 デリバティブ

オプション取引やスワップ取引など金融派生商品のことをいう。

□106 同一労働同一賃金

雇用形態にかかわらず業務内容に応じて対価を定め，正規雇用の労働者と非正規雇用の労働者の不合理な格差を解消することをさす。

□107 当期純利益

営業利益に営業外収益を加算してから営業外費用を減算して算出される企業の最終的な利益のことである。

□108 取締役

株主総会で選任され，経営業務を株主から委任される取締役会の構成員のことをいう。

□109 取締役会

会社の業務執行を決定し，代表取締役を選定・解職する取締役全員によって構成される機関のことをいう。

□110 内発的動機付け

自分自身の興味・関心・意欲によってモチベーションを高めることをいう。この反対が外発的動機付けである。

□111 内部留保

利益のうち社内に留保された資金のことをいう。これを活用した金融を自己金融という。

□112 年功序列型賃金

年齢や勤続年数に応じて賃金や社内の職制があがっていくことをいう。

□113 納税

税を納めることをいう。

□114 納税者

税を納める人や企業のことをいう。

□115 納税通知書

固定資産税などの地方税について，税額など必要事項を記載して課税する地方公共団体から納税者に交付する文書のことをいう。

□116 派遣労働者
　　（派遣社員）

派遣元企業と雇用契約を結んだ労働者が，その企業の斡旋によって他の企業（派遣先企業）に派遣されて，その派遣先企業の指示を受けて働く雇用形態を派遣といい，そのような立場で働く労働者のことをいう。

□117 ビジネスモデル

収益を継続的に得るしくみのことをいう。

□118 非正規雇用

正規雇用以外の雇用形態で，雇用期間が契約で定められ，雇用期間を延長するためには契約の更新が必要な雇用形態のことをいう。

□119 フィランソロピー	獲得した利益の一部で社会生活に必要な公園の整備事業や，ボランティア団体や地域社会に対して直接的な資金の援助をおこなうことである。企業の利他的な活動や奉仕的な活動の総称である。
□120 賦課課税制度 （賦課課税方式）	国や地方公共団体が納付すべき税額を確定する制度あるいは方式のことをいう。一方，納税者が納付すべき税額を自分で計算して申告する制度を申告納税制度という。
□121 福利厚生制度	給与や賞与とは別個に，企業が従業員やその家族に利益や満足をもたらすために設けた制度のことをいう。たとえば住宅手当やボランティア支援などがある。単に「福利厚生」ということもある。
□122 プロジェクト・マネジメント	本来の組織とは別に，目的を達成するために臨時に構成される組織やその業務のことをプロジェクトといい，その役割分担や日程管理を総称していう。プロジェクト管理ということもある。
□123 プロモーション政策	消費者に自社の製品やサービスの広告宣伝などをおこない，その価値を知らせるさまざまな政策のことをいう。
□124 ベンチャー企業	産業構造の転換期などに，新技術や新商品を生産・販売して急成長を遂げる企業のことをいう。こうした企業が手がけるビジネスのことをベンチャービジネスということもある。
□125 ベンチャーキャピタル	ベンチャー企業に出資する企業のことをいう。
□126 法　　人	自然人と同じように法律行為ができる権利主体として認められた組織のことをいう。
□127 法　人　税	法人（会社）が一事業年度に得た所得に対して課される税のことをいう。この税は担税者である法人（会社）が国に納付するので直接税であり，国税である。
□128 ポジショニング	標的として定めた市場の「層」のなかで，競合他社と差別化（差異化）をはかることをいう。セグメンテーションとターゲティングをおこない，標的とする市場の「層」を定めても，競合他社と類似した製品やサービスを提供すると差別化（差異化）をはかることができない。
□129 マーケティング・ミックス	マーケティングを展開するさいに，商品・価格・流通・販売促進（プロモーション）の適切な組み合わせを考えることをさす。
□130 マーケティング・マネジメント	マーケティングを展開するさいに，計画の立案・実行・検証・改善といったPDCAサイクルで管理する活動のことをいう。
□131 無　限　責　任	企業に対する出資者の責任が，出資者の財産にまで及ぶことをいう。
□132 無限責任社員	合名会社や合資会社で，無限責任を負う出資者（社員）のことをいう。

□133 メ セ ナ	企業が文化活動や芸術活動を支援することをいう。
□134 持 分 会 社	合名会社・合資会社・合同会社の総称である。
□135 有 限 会 社	設立や運営のしくみなどについて，株式会社を中小規模の事業向きに簡易化した性格の会社である。しかし，現在ではその新設は認められていない。
□136 有 限 責 任	企業が倒産した場合であっても，出資者が自分の出資額の範囲でしか責任を負わないことをいう。
□137 リーダーシップ	組織の目標を達成するために，組織を率いて周囲の人間を動かしていく能力のことをいう。単に組織の運営と管理をおこなうマネジメントとは区別される。
□138 利害関係者（ステークホルダー）	企業の行動に直接的・間接的に利害関係がある者のことをいい，投資家・債権者・消費者・取引先・従業員・地域社会・行政などがある。
□139 利害調整機能	財務諸表がもつ機能の一つで，たとえば株主と債権者の利害を調整する機能のことなどをさす。これに対して投資家などに情報を提供する機能のことを情報提供機能という。
□140 リストラクチャリング	本来は事業の形態を再構築することを意味している。ただし，「リストラ」と短縮されて用いられる場合には，人員整理や工場閉鎖などを意味することもある。
□141 流通政策（チャネル政策）	自社が生産する製品やサービスを消費者に購入してもらうために，製品やサービスを消費者に届ける流通経路の効率的な組み合わせを考えることをいう。
□142 労働関係調整法	ストライキなどの争議行為の予防または解決を目的として，調停や仲裁などの調整方法を定めた法律である。
□143 労働基準法	労働条件における最低限の基準などを定めた法律である。
□144 労 働 組 合	経営者に対して弱い立場にある労働者が組織する団体のことをいう。
□145 労働組合法	労働者が企業との交渉で対等な立場に立つことを促進する法律である。
□146 労 働 三 法	労働基準法・労働組合法・労働関係調整法の三つの法律をさしていうことばである。
□147 ワーク・ライフ・バランス（ワークライフバランス）	仕事と生活の調和をはかることをいう。

取引とビジネス計算

□001 1 年 1 期

　1年に1回利息を計算して元金に繰り入れることをいう。この場合，利息計算期は1年である。

□002 Q R 決 済（QRコード決済）

　店側に置かれたQRコード(バーコード)を利用者が携帯端末で読み取ったり，あるいは専用アプリで携帯端末に表示したQRコード(バーコード)を店側の専用端末で読み取ってもらったりして決済するしくみのことをいう。

□003 後 払 い

　商品の受け渡しよりも遅れて代金を支払うことをいう。これには掛け払い・手形払い・割賦払いがある。

□004 暗 号 資 産（仮想通貨）

　インターネット上でやりとりできる財産的価値のある電子データのことで，ブロックチェーンと呼ばれる情報技術で，ネットワークの参加者が相互にチェックをおこなうことで信頼性と安全性が保たれている。

□005 一般線引小切手

　小切手の表面に2本の平行線を引いたり，さらにそのなかに「銀行渡り」などと記載した小切手である。この小切手については，支払銀行は所持人から取り立てを依頼された銀行，または支払銀行と直接取引のある預金者以外には支払いをおこなわないので，不正な所持人に支払われる危険(リスク)が少ない。

□006 内 金

　商品の代金や報酬の支払いの一部を，商品の引き渡し前や請負の履行前などに支払うこと，あるいはその金銭そのもののことをいう。

□007 裏書(裏書譲渡)

　小切手や手形の所持人が，支払期日前にその裏面に住所や氏名などの必要記載事項を記入・押印して，小切手や手形上の権利を第三者に譲り渡すことをいう。

□008 裏 書 人

　小切手や手形を裏書譲渡する人のことをいう。一方，小切手や手形を譲り受ける人のことを被裏書人という。

□009 うるう年

　2月の日数が29日まであり，1年が366日となる年のことをいう。

□010 運賃込み価格（C＆F価格）

　海上運賃のみを売り手が負担する条件の価格をいう。

□011 運賃保険料込み価格（CIF価格）

　船積港で商品を本船に積み込むまでの費用のほかに，陸揚港までの海上運賃と保険料も売り手が負担する条件の価格をいう。

□012 送 り 状

　売り手が商品を出荷するさいに，買い手あてに発行する商品の内容明細書のことをいう。納品書ということもある。

□013 概 算

　概数を使って数量または金額を計算することをいう。

□014 概 数

　四捨五入や切り上げ，切り捨てなど端数処理によってあらわされるお

およその数をいう。

□015 掛け払い（掛払い）

後払いの一つで，売買取引のたびに商品代金を帳簿などに記録しておき，後でまとめて支払うことをいう。

□016 仮想商店街

多くのバーチャルショップ（仮想店舗）をインターネット上に集めて，あたかも商店街のようにしているものをいう。

□017 片落とし

ある期間を計算するさいに初日または末日のいずれか片方を期間に算入しないことをいう。民法では初日不算入の原則が定められている。

□018 割賦払い

商品代金の一部または全部を何回かに分割して支払うことをいう。分割払いということもある。

□019 貨幣換算

ある国の通貨をほかの国の通貨に換算することをいう。

□020 貨幣制度

支払手段としての貨幣は，国ごとに種類や単位，価値などが法律で定められている。こうした貨幣に関するしくみのことをいう。

□021 為替手形

振出人が支払人（名あて人）に対して，一定期日に一定金額を第三者である受取人に支払うように委託した有価証券のことをいう。

□022 元金（元本）

金銭の貸借などで，その利子を含まない直接やりとりした金額のことをいう。

□023 換算

ある国の度量衡から制度の異なる他の国の度量衡に変更することをいう。

□024 換算高

度量衡の計算で，換算率によって換算された数のことをいう。たとえば200yd（被換算高）を1yd＝0.9144m（換算率）で換算した結果の182.88mが該当する。

□025 換算率

被換算高と換算高の割合のことをいう。たとえば，1yd＝0.9144mや1lb＝0.4536kgなどが該当する。

□026 元利合計

元金（元本）と利息の合計額のことをいう。

□027 期日

ある期間の日数が何日あるのかを計算するとき，期間の始まる日を初日というのに対して，期間の終わる日のことをいう。満期日ということもある。

□028 期日受払高

一定の期日に受け払いする金額のことをいう。

□029 基準量

ある二つの量を比較するとき，比較される量を比較量というのに対して，基準となる量のことをいう。割合の計算をおこなう場合には分母にくる。

□030 期数

利息計算期の回数のことをいう。半年1期の場合には，「1年に2回」

となる。

□031 記 数 法　　数字を用いて数を表す方法のことをいう。日常生活で最も用いられているのは，アラビア数字を用いた十進法による位取り記数法である。

□032 競 争 売 買　　入札売買やせり売りなど競争を取り入れながら取引価格を決定する売買取引の方法のことをいう。

□033 切 り 上 げ　　求める位未満を，求める位に「１」として加えることをいう。たとえば¥112.8を¥113とすることである。

□034 切 り 捨 て　　求める位未満の端数を捨てることをいう。たとえば¥112.8を¥112とすることである。

□035 クレジットカード　　カードを加盟店に示すだけ，あるいは書類に署名することによって商品を買ったり，サービスを受けたりすることができるカードのことである。代金や料金は，会員の預金口座から自動的に引き落とされる。分割払いや借り入れができるものもある。

□036 経 過 利 息
　　（経過利子）　　利付債券を売買する場合に，前の利払日から取引日までの経過日数によって計算された利息のことをいう。一般に経過日数は利払日の翌日から取引日までの片落としで計算し，利付債券は売買価格にこの計算された利息を加えた金額で受け渡しをされる。

□037 原価の３要素　　材料に要する材料費，人の労働に関して生じる労務費，その他に必要な経費を総称していう。

□038 現 金 通 貨　　現在流通している通貨のことをいい，日本銀行券と政府発行貨幣がある。

□039 現 金 払 い　　商品の受け渡しと同時に現金や小切手で代金を支払ったり，金融機関を通じて送金や振込をおこなうことなどをいう。引き換え払いともいう。

□040 検　　　収　　注文した商品が到着したとき，買い手が注文書控えや納品書と品目・数量などを照合し，同時に輸送中の損傷や変質などがないかといった検査をすることをいう。

□041 減 少 率　　基準量から一定の割合の量を差し引くことを割引といい，この割り引く量を減少量という。この基準量に対する減少量の割合のことをいう。

□042 減 少 量　　基準量から一定の割合の量を差し引くことを割引といい，この割り引く量のことをいう。

□043 現場渡し価格　　売り手の工場や倉庫などで買い手に商品を引き渡す条件の価格のことをいう。このとき買い手が運賃や保険料などいっさいの費用を負担するので，販売価格は最も安くなる。

□044 現　　品	現に手もとにある商品のことをいう。
□045 口座振替	銀行が預金者に代わって，普通預金口座などから代金を自動的に支払うことをいう。
□046 口座振込 （銀行振込）	送金方法の一つで，取引の相手方が指定する銀行や郵便局の口座に代金を振り込む方法のことをいう。
□047 小切手	銀行に当座預金の口座をもっている者が，その銀行あてに当座預金の口座から一定金額を支払うことを委託する有価証券である。
□048 指　　値	株式などを売買するさいに，一定の利益を得るためにあらかじめ売買価格を指定することがある。この指定した売買価格（売買値段）のことをいう。
□049 仕入原価	仕入価格に，仕入れに要した運賃・保険料・保管料などの仕入諸掛を加えたものをいう。諸掛込原価または単に原価ということもある。
□050 仕入諸掛	仕入れに要した運賃・保険料・保管料などの費用のことをいう。
□051 直渡し（近日渡し）	売買契約の成立後，比較的短時日（数日以内）に商品を受け渡しすることをいう。
□052 時　　効	商品の売買代金は，一定の期間にわたり請求していないとその権利を失うことになる。このしくみのことをいう。
□053 自己資本利益率	自己資本に対する税引後当期純利益の割合のことをいう。自己資本をどれだけ効率的に活用していたかがわかる財務指標である。
□054 持参人払い	小切手を持参した者に対して銀行が支払いをおこなうことをいう。
□055 四捨五入	求める位未満の端数が4以下の場合には切り捨てをおこない，5以上の場合には切り上げて，求める位に1を加算することをいう。
□056 実売価	予定売価に対して値引きをおこなった場合，その値引き後の金額のことをいう。実販売価格ということもある。
□057 仕様書	材料・成分・寸法・デザイン・性能・製法など商品の品質の明細を記入した書類のことをいう。
□058 償　　還	発行主体が債券の発行によって借り入れた債務を返済することをいう。
□059 商品受取書 （物品受領書）	注文した商品が到着して検収をおこない，商品に破損や汚損，数量不足といった異常がない場合に，買い手が売り手に着荷を通知するために発行する文書のことをいう。
□060 初　　日	ある期間の日数を数えるときに，期間の始まる日のことをいう。一方，

期間の終わる日のことを期日や支払期日，満期日などという。

☐061 請　求　書

代金の支払期日が近づくと，売り手は代金支払いを請求する書類を作成して買い手に送り，代金の支払いを求める。この書類のことをいう。

☐062 製 造 原 価

製品を製造するために要した原価のことをいう。

☐063 政府発行貨幣

現金通貨の一つで，政府が発行する貨幣のことをいう。額面金額の20倍まで強制通用力がある。

☐064 線引小切手

一般に小切手は持参人払いといって，銀行はだれでも持参した者に対して支払いをおこなう。しかし，それでは小切手を紛失・盗難した場合に不正に使用される場合がある。そこで，小切手の表面に２本の平行線を引いたり，さらにそのなかに「銀行渡り」などと記載して支払先を限定したり（一般線引小切手），特定の銀行名を２本の平行線の中に記入して支払先を限定したりする（特定線引小切手）。この一般線引小切手と特定線引小切手をあわせた用語である。

☐065 増　加　率

基準量に一定の割合を加えることを割増といい，この割増する量のことを増加量という。この基準量に対する増加量の割合のことをいう。

☐066 増　加　量

基準量に一定の割合を加えることを割増といい，この割増する量のことをいう。

☐067 即 時 渡 し

売買契約の成立と同時に商品を受け渡しすることをいう。

☐068 損　益　率

損益額の仕入原価に対する割合のことをいう。また，利益額の仕入原価に対する割合を利益率，損失額の仕入原価に対する割合を損失率ということもある。

☐069 損　失　額

実売価が仕入原価を下回っていたときに発生する金額のことをいう。

☐070 損　失　率

仕入原価に対する損失額の割合のことをいう。

☐071 遡　　求

手形の支払期日に支払人の預金残高が不足していると手形は不渡りになる。このとき手形の所持人は，支払人および裏書人に対して支払いを求めることができる。この支払人および裏書人に対する支払請求のことをいう。

☐072 　建

商品の価格は，商慣習によって商品の一定数量ごとに価格がつけられている。この価格を示す基準となる商品の一定数量のことをいう。

☐073 代　　価

商品を売買するときの代金のことをいう。

☐074 代 金 引 換

通信販売や電子商取引で，商品が宅配便などで自宅に配送されたさいに，商品と引き換えに代金を支払うことをいう。

☐075 建　　値

「建」の価格のことをいう。たとえば鉛筆を１ダース単位で販売してい

て，1ダースあたりの価格が120円であるときの120円が該当する。

□076 **単　利　法**

元金（元本）に対して，一定の割合（利率）で利息を計算する方法をいう。1年間にわたる割合（利率）である年利率と1か月間にわたる割合（利率）である月利率がある。

□077 **単利最終利回り**

債券の投資にあたって，債券の額面金額に対する年利率と「償還差損益÷償還年数」を加算し，買入価格で割ったものをいう。

$$\frac{額面金額 \times 年利率 + （償還差損益 \div 償還年数）}{買入価格}$$

□078 **注 文 請 書**

買い手から注文書を受け取った売り手は，買い手に対して「売り」の承諾をする。この承諾の文書のことをいう。この書類は売り手が作成して，買い手が受け取って保管する。

□079 **注　文　書**

買い手が売り手に対して，「買い」の申し込みをする文書のことをいう。

□080 **通　　貨**

交換の媒介手段としての機能を備えたものをいう。これには現金通貨と小切手や手形などの信用通貨がある。一般的には現金通貨を意味することが多い。

□081 **月　利　率**

単利法で，1か月間に対する利息の割合のことをいう。

□082 **積　立　金**

一定期間後に一定の金額を得るために，毎期一定額を積み立てて，複利で利殖する場合，この毎期積み立てる金額のことをいう。

□083 **積立目標額**

一定期間後に一定の金額を得るために，毎期一定の金額を積み立てて複利で利殖することがある。このとき目標とする積立金総額のことをいう。これは複利終価の総和でもあるので，たとえば積立金に複利年金終価率を掛けることによって計算することができる。

□084 **手 形 払 い**

買い手が代金支払いのために約束手形を振り出すことをいう。商品代金の後払いの一つである。

□085 **手　付　金**

売買契約の履行を確実にするために，買い手から売り手に支払われる保証金のことをいう。契約を買い手が解除した場合には，その保証金の全額を売り手が没収し，売り手が解除した場合には受け取った保証金の倍額を買い手に支払う。

□086 **手　取　金**

手形を割り引いた場合には，割引日から支払期日までの利息相当額が手形金額から差し引かれる。この利息相当額を割引料といい，手形金額から割引料を差し引いた金額のことをさす。

□087 **デビットカード**

デビットカードとは，買い物をしたり，サービスを受けたりしたときに，既存の銀行のキャッシュカードなど預金口座と連動したカードを利用して即時決済ができる支払手段である。

□088 電子記録債権　電子記録債権法によって認められた電子化された債権のことをいう。属に電子手形とも呼ばれ，手形用紙の保管や郵送といった事務処理が不要で，手形用紙を紛失する危険もない。

□089 電 子 入 札　インターネットを用いて，公告・入札など一連の入札業務をおこなうことをいう。

□090 電子マネー　電子決済の一つで，「電子のお金」つまり貨幣の代わりに用いることができる電子的なデータのことをいう。

□091 特定線引小切手　小切手の表面に2本の平行線を引き，その平行線の間に特定の銀行名を書き入れた小切手のことである。支払銀行は線引きで指定された銀行以外には支払いをおこなわない。一方，特定の銀行名を記載していないものを一般線引小切手という。

□092 度量衡制度　長さ・容積・重さの基本単位の大きさと各単位の関係を規定するしくみのことをいう。「度」は長さ，「量」は容積，「衡」は重さを示している。

□093 日 数 計 算　ある期間の日数が何日あるのかを計算することをいう。期間の始まる日を初日，期間の終わる日を期日や満期日などという。計算方法には片落とし，両端入れ，両端落としの三つの方法がある。

□094 日本銀行券　日本銀行が発行する紙幣のことをいう。この紙幣は，無制限に通用する強制通用力をもっている。

□095 値 入 率　仕入原価に対する利幅（粗利益）の割合のことをいう。

□096 値 入 れ　仕入原価に利幅（粗利益）を加えて販売価格を決めることをいう。

□097 値 引 き　商品の品質が低下したり，流行おくれになったり，汚損した場合などには予定売価から一定の金額を減額して販売することがある。この減額のことをいう。

□098 値 引 率　予定売価に対する値引きの割合のことをいう。

□099 ネットワーク型電子マネー　コンピュータに専用のソフトウェアを組み込み，「電子的な財布」をつくってそのなかから金融機関への支払いをおこなう電子マネーのことである。

□100 年 金　一定期間ごとに継続して給付される金銭のことで，家賃や銀行ローン，定期積立金などがある。たとえば毎年末に¥100,000ずつ3年間支払う年金の終価は，年利率5％，1年1期の複利で複利年金終価率が3.1525だとすると，¥315,250となる。

□101 年 賦 金　負債を返済する場合に，元金と利息について，毎期一定の金額を支払って期日に完済するときの毎期支払額を割賦金といい，その年単位の割賦金のことをいう。負債額に複利賦金率を掛けることによって求めること

ができる。

□102 年 利 率 　　単利法において，1年間に対する利息の割合のことをいう。

□103 納 品 書 　　取引ごとに作成される出荷した商品の明細書であり，取引内容の証明書でもある。この書類には，荷送人・荷受人・商品名・数量・単価・金額などが記載されている。送り状ともいう。

□104 延 べ 渡 し 　　商品の受け渡し時期を決める方法の一つで，契約成立後，相当の期間が経過した後に商品を受け渡すことをいう。大量の商品を受け渡しする場合には，準備に手間がかかるためこの方法が採用されることが多い。たとえば8月の契約時に「10月1日渡し」「10月中渡し」などとする。

□105 売買契約書 　　後日，契約の内容をめぐって紛争が生じないように売買当事者がお互いに取り交わす文書のことである。原則として同一のものを2通作成し，各自が1通ずつ保管する。

□106 売買契約の締結 　　一方の買いまたは売りの申し込みに対して，相手方がそれを承諾することをいう。

□107 売買契約の履行 　　売買契約の締結後に，取引条件にもとづいて商品の引き渡しと代金の受け払いがおこなわれることをいう。

□108 端 　 数 　　数字のある位に着目したさいに，その下の位のことをいう。売買取引では1円未満がこの下の位になることが多い。

□109 端 数 処 理 　　数字のある位に着目したさいに，その下の位の端数を四捨五入・切り上げ・切り捨てによって処理することをいう。端数処理によってあらわされるおおよその数のことを概数という。

□110 半 年 1 期 　　半年に1回利息を計算して元金に繰り入れることをいう。この場合，期数は1年に2回，年利率を半分にして計算する。

□111 比 　 較 　 量 　　割合の計算において，比較される量のことをいう。一方，基準となる量のことを基準量という。

□112 被 換 算 高 　　度量衡の換算において，換算される数のことをいう。たとえば100ydを1yd＝0.9144mとして91.44mに換算した場合の100ydが相当する。このとき91.44mは換算高で，1yd＝0.9144mのことを換算率という。

□113 引き換え払い 　　商品の受け渡しと同時に現金や小切手で代金を支払う方法のことである。現金払いともいう。

□114 複 利 現 価 （現在価値） 　　一定の期日に受け払いする金額を期日受払高といい，これを期日前に複利で割り引いて受け払いするときの金額をいう。期日受払高×複利現価率で計算することができる。

□115 複利現価率	複利現価を計算するときに用いる率のことである。この率については複利現価表にまとめられている。
□116 複利終価	複利法において，期日または満期日における元利合計のことをいう。元金×複利終価率で計算することができる。
□117 複利終価率	複利法において，（1＋利率）^{期数} の値のことをいう。
□118 複利年金現価	毎期支払われる年金の，最初の受払日における複利現価の総和のことをいう。年金額×複利年金現価率で計算することができる。
□119 複利年金終価	毎期支払われる年金の最終期末における複利終価の総和のことをいう。年金額×複利年金終価率で計算することができる。
□120 複利法	一定の期間ごとに利息を元金(元本)に繰り入れて，その元利合計を次期の元金(元本)として利息を計算していく方法である。
□121 複利利息	複利終価から元金(元本)を差し引いた金額である。
□122 プリペイドカード	交通機関やコンビニエンスストアなどで利用されている無記名式の前払い方式のカードのことである。
□123 不渡り	当座預金口座の残高不足などで，小切手や手形の支払いが銀行から拒絶されることをいう。
□124 分割払い	代金の全部または一部を，何回かに分けて支払う方法である。月賦払い，年賦払いなどがあり，現金払いのときよりも価格が高くなるのが普通である。割賦払いともいう。
□125 平年	2月が28日の年のことをいい，1年を365日として利息の計算をおこなう。
□126 変動為替相場	外国為替相場における通貨への需要と供給のバランスで，通貨と通貨の交換比率が変動することをいう。一方，通貨と通貨の交換比率が固定されている外国為替相場を固定為替相場という。
□127 本船渡し価格（FOB価格）	船積港の本船に商品を積み込むまでの費用と危険(リスク)を売り手が負担する条件での価格である。
□128 見込利益率	仕入原価に対する利幅の割合のことをいい，値入率ともいう。
□129 見積依頼書	見積もりを依頼する文書のことをいう。商品の価格の変動がある場合や初めての取引などでは注文に先立って，この書類を相手先に送付する。
□130 見積書	買い手から見積もりを依頼された商品について，売り手が取引条件や販売価格などを記入して買い手に渡す文書のことである。
□131 見本	現品の一部を取り出したもので，実際に商品を引き渡す場合には，こ

れと同じものでなければならない。

□132 **銘　　柄**

　一定の品質を示すその商品の「通り名」のことで，ふつう産地名・品種名・商標（ブランド）などが用いられる。

□133 **持 込 価 格**

　買い手の指定する場所に商品を持ち込むまでに要する費用をすべて売り手が負担するときの価格である。持ち込み渡し価格ということもある。

□134 **約 定 代 金**

　株式の売買が成立したときの価額のことである。約定値段×株数で計算し，購入した場合にはこれに委託手数料を加算する。

□135 **約 定 値 段**

　株式の売買取引で，取引が成立したときの金額のことをいう。株式の時価になることが多い。

□136 **約 束 手 形**

　一定期日に名あて人に記載されている金額を支払うことを約束する有価証券である。

□137 **予 定 売 価**

　仕入原価に見込利益額を加えた金額のことをいう。仕入原価×（1＋見込利益率）で計算できる。単に売価あるいは予定販売価格ということもある。

□138 **利 益 額**

　実売価が仕入原価を上回っていたときに発生する。逆に，実売価が仕入原価を下回っていたときには損失額が発生する。

□139 **利 益 率**

　仕入原価に対する利益額の割合のことをいう。

□140 **利息計算期**

　複利法において，利息を元金（元本）に繰り入れる一定の期間のことをいう。

□141 **利 付 債 券**

　債券に記載された額面金額に対して，約束された利率で一定期日（利払日）に利息が支払われる債券のことをいう。

□142 **利 幅**

　見込利益額のことで，粗利益ともいう。

□143 **リボルビング払い**

　毎月の支払額を一定額に固定し，利息と元本を支払うものである。クレジットカードの利用方法の一つだが，どれだけ商品やサービスを購入しても毎月の支払額は変わらない。しかし分割払いと異なり支払回数が固定化されていないので，その分返済期間が長期にわたり，利息も膨らんでいくことになる。

□144 **利 回 り**

　債券に投資した金額に対する1年間の収益額の割合のことをいう。通常は単利法によって計算する。

□145 **領収証（領収書）**

　売り手にとっては代金受け取りの，買い手にとっては代金支払いの証拠となる書類である。

□146 **両 端 入 れ**

　ある期間が何日かを計算するときに，初日と期日（満期日）の両方を算入することをいう。

□147 両端落とし	ある期間が何日かを計算するときに，初日と期日（満期日）の両方とも算入しないことをいう。片落としよりも日数計算の結果が1日少なくなる。
□148 和　　算	日本独自に発達した数学のことである。そろばんの計算法などを記した吉田光由が出版した「塵劫記」などが有名である。
□149 割　　合	ある二つの量を比較して，比較される量（比較量）とその基準となる量（基準量）との比率をいう。
□150 割　　引	基準となる量から一定の割合を差し引くことをいう。この割り引く量のことを減少量といい，減少させる割合を減少率という。
□151 割 引 日 数	受け取った約束手形を満期日前に銀行で現金化することを手形の割引といい，このとき割り引いた日から満期日までの日数に応じて割引料が差し引かれる。このときの割り引いた日から満期日までの日数のことをいう。
□152 割　引　率	割引料の計算に用いられる年利率のことをいう。
□153 割　引　料	手形を割り引いたさいに手形金額から差し引かれる割り引いた日から満期日までの利息相当額のことをいう。
□154 割 引 債 券	利息に相当する金額を額面金額から差し引いて発行される債券のことで，償還のさいには額面金額で支払われる。
□155 割　　増	基準となる量に，一定の割合の量を加えることをいう。このとき増加する一定の割合の量のことを増加量といい，増加させる割合のことを増加率という。
□156 ワンライティングシステム	異なる書類についてカーボンコピーを利用した複写によって作成することをいう。

ビジネスに対する心構え

□001 3　　　R	廃棄物の発生抑制（リデュース：Reduce）・再使用（リユース：Reuse）・再資源化（リサイクル：Recycle）の総称をいう。
□002 5 W 3 H	「誰が」（Who）「なぜ」（Why）「何を」（What）「いつ」（When）「どこで」（Where）「どのように」（How）「いくつ」（How many）「どれだけの量」（How much）という8つの要件を総称したもの。
□003 AI（人工知能）	人間の脳がおこなう推論や判断などの知的な作業をコンピュータにより人工的に再現する技術のこと。
□004 CSR 活動	「ビジネス活動が社会に与える影響に責任をもつ」という考えに基づい

て，環境対策や法令遵守の徹底などに取り組む活動。

□005 IoT

「モノ（物）」がインターネットによって接続され，情報をやりとりすることによって相互に制御するしくみ。

□006 ISO26000

国際標準化機構（ISO）が定めている組織の社会的責任に関する国際規格のこと。

□007 SDGs

2015（平成27）年に国連サミットで定められた「持続可能な開発目標」のことで，17のゴールと169のターゲットから構成されている。

□008 SNS

ウェブ上で社会的ネットワークを構築できるサービスのことで，コメントや画像の送受信などが手軽におこなえるコミュニケーション手段となっている。

□009 Society5.0

インターネットによってすべての人と「物（モノ）」がつながり，さまざまな知識や情報が共有されて，新たな価値を生み出す社会のことをいう。現在はSociety4.0で，分野横断的な連携が不十分だったという反省に基づいた考え方である。

□010 いかがいたしましょうか

お客さまや上司から了解を得たり，確認したりする場面で使用するビジネス慣用敬語である。

□011 いかがなさいますか

お客様や上司など目上の人に回答を求めたり，要望をたずねたりする場合に用いるビジネス慣用敬語である。

□012 一次情報

自ら調査などをおこなって新しく入手した情報のことをいう。

□013 いつもお世話になっております

ビジネスの場で,「あいさつ」の枕詞（まくらことば）として用いられるビジネス慣用敬語である。

□014 因果関係

「原因」となることがらと「結果」となることがらの関係のこと。

□015 インバウンド

訪日外国人旅行のことをいう。我が国は「観光立国」をめざしているので，訪日外国人旅行は今後さらに増加することになる。

□016 インフォーマルコミュニケーション

昼休み中の会話や同期会など経営組織の枠組みにとらわれない自然発生的なコミュニケーションのことをいう。

□017 インフラ（インフラストラクチャー）

社会生活や経済生活をおくるうえで,欠かすことができない道路や橋,鉄道などの公共的な基盤のことをいう。

□018 会釈

職場の上司などと廊下ですれ違うさいや，部屋の入退室のさいにするお辞儀である。来客の場合には，お辞儀とあわせて「いらっしゃいませ」とあいさつをするのが原則である。上体を15度に倒し，靴のつま先の前方1.5〜2メートルに視線をあわせておこなう。

□019 エネルギー資源

社会生活や経済生活をおくるうえで必要な動力や熱，光などを生み出

す太陽光や水力，化石燃料（石油や石炭），原子力などのことをいう。

□020 円 グ ラ フ

　構成比率をあらわすために，円形を扇形状に分割して表示するグラフのことをいう。構成比率については，角度と面積によって視覚的に理解できるようになっている。

□021 オープンクエスチョン

　相手の回答に制約を設けず，自由に答えてもらう質問のことをいう。「お買い上げいただいた製品はいかがでしょうか」といった質問のことをさす。

□022 オープンデータ

　著作権や特許権などの制限がなく，誰でも自由に処理・加工などの利用や再配布ができるデータのこと。

□023 おそれいります

　「恐縮する」の意味で，何かをお願いしたり，厚意を受けたときなどに感謝の言葉として用いたりするビジネス慣用敬語である。

□024 お手数ですが

　何かをお願いするさいに用いるビジネス慣用敬語で，面倒な頼み事をするさいもこの言葉を添えると丁寧な印象になる。

□025 お待たせいたしました

　電話を取り次いだときや，来客や上司への応対などで，相手を待たせた場合に，相手への謝罪や敬意などをあらわすビジネス慣用敬語である。

□026 折れ線グラフ

　折れ線によってデータの変化や推移を表現するグラフをいう。

□027 かしこまりました

　お客様や上司などから依頼や指示を受けたときに，「承知した」「了解した」ことを伝えるビジネス慣用敬語である。

□028 仮　　　説

　ものごとの法則や事象を説明するために，仮に設定した説のことをいう。

□029 上　　　座

　「席次」（席順）で，一番目上の人や年齢が高い人が座る席のことをいう。通常は出入口から一番遠い席になる。

□030 環境ビジネス
　　　（エコビジネス）

　環境への負荷を軽減させる装置の開発や廃棄物の処理など地球環境問題に対応する新しいビジネスのことをいう。

□031 間接的コミュニ
　　　ケーション

　文書や印刷物，情報通信機器などを媒介したコミュニケーションのことをいう。これに対して，会議などで人と人とが直接会ってコミュニケーションをとることを直接的コミュニケーションという。

□032 キャッシュレス化

　クレジットカードやQRコード決済で代金の支払いをおこない，紙幣や硬貨をだんだん使わなくなってきていること。

□033 キュレーション

　情報を収集して編集し，新たな価値を生み出すこと。ポータルサイトで表示されるニュースなどがこの一例である。

□034 クッション言葉

　「恐縮ですが」「もしよろしければ」などのように，言葉の調子を和らげるために用いられる言葉のことをいう。

□035	クローズドクエスチョン	回答を「はい／いいえ」などのように限定する質問のことをいう。オープンクエスチョンとは反対の意味で，迅速に回答が得られる一方で，会話を続けにくくなるというデメリットもある。
□036	敬　　語	尊敬語・謙譲語・丁寧語などのように相手に対して敬意を示す言葉づかいのことをいう。
□037	敬　　称	相手の名称などに「～様」をつけたり，相手の会社を「御社（おんしゃ）」と表現したりすることによって，敬意を表すことばのことをいう。
□038	検索エンジン（サーチエンジン）	インターネット上のウェブページや画像，動画などを検索するサイトのことをいう。
□039	謙　譲　語	話し手が自分にかかわる行為などについて，へりくだることで相対的に相手に対して敬意を表現する敬語のことである。たとえば「見る」は「拝見する」，「食べる」は「いただく」という表現になる。
□040	個 人 情 報	氏名や生年月日など個人に関する情報で，生存している特定の個人を識別できるものをいう。この情報の取り扱いは法律によって規制されている。
□041	コミュニケーション	情報の送り手と受け手が，言葉や動作などを通して相互に意思疎通をはかることである。
□042	コミュニティデザイン	人間関係が希薄化する社会や過疎化が進む地域のなかで，人と人とがつながるしくみをつくって，活性化させることをいう。
□043	コンプライアンス（法令遵守）	公正な経済活動をもとにして法令を遵守することや，法令を遵守するための組織を整備することなどをいう。
□044	ご覧になる	「見る」の尊敬語である。
□045	最　敬　礼	お礼やお詫びをするときにおこなう最も丁寧なお辞儀のことである。このお辞儀と組み合わせる言葉としては，「ありがとうございます」「申し訳ございません」などがある。上体を45度に倒し，靴のつま先の0.5～1mに視線をあわせるとよい。
□046	雑　　誌	週刊誌や月刊誌などのように一定の期日ごとに発行される媒体で，学術団体が発行する学術雑誌や業界団体が発行する専門雑誌などがある。
□047	さようでございます	「そうです」を丁寧に表現するビジネス慣用敬語である。
□048	持続可能な開発	現役の世代と同様に将来の世代にも考慮した節度ある開発のことである。
□049	下　　座	目下の人や上座に座る人をもてなす人が座る席のことをいう。原則として出入口に近い席である。

□050 肖像権	無断で自分の写真や動画を撮影されたり，それを公表されたりすることがないように主張できる権利のこと。
□051 情報化	情報がビジネスを発展させるうえで，重要な役割を果たすこと。
□052 情報化社会	情報が物質やエネルギーと同等以上の価値を持つものとみなされ，その価値を中心にして発展する社会のことをいう。
□053 情報セキュリティ	情報の機密性や完全性，可用性を確保することをいう。
□054 情報通信技術 (ICT)	情報や通信にまつわる技術を総称したもので，かつては「情報技術」(IT) と呼ばれていたが，現在では「通信」が加えられている。
□055 情報モラル (情報倫理)	情報通信技術が進化した現在，適正な活動をおこなうための考え方や態度のことをいう。
□056 情報リテラシー	さまざまな情報を適正に活用できる能力のことをいう。
□057 食品ロス (フードロス)	まだ食べられるのに廃棄される食品のことをいう。この廃棄によって環境にも悪い影響を与えることが懸念されている。
□058 食料自給率	わが国の食料供給に対する国内生産の割合のことをいう。
□059 書籍	専門家などによって執筆された出版物で，体系的に情報を収集することができる媒体のこと。
□060 人口減少社会	合計特殊出生率(15歳から49歳までの女性の年齢別出生率)が低くなり，生まれてくる子どもの数が少なくなる一方で，高齢者の死亡者数が増加し，人口が減少する社会のことをいう。
□061 新聞	社会の情勢や事件などを伝える出版物である。休刊日を除いて，原則として毎日発行される。全国紙や地方紙のほかに，特定の分野の情報に詳しい業界紙や専門紙がある。
□062 スマートシティ	情報通信技術などを活用して，さまざまな問題を解決し，新たな価値を生み出す持続可能な都市や地域のこと。
□063 席をはずしております	電話や来客があったときに当人がいないことをあらわすビジネス慣用敬語である。
□064 ソーシャルデザイン	社会のために水道や交通手段など社会的基盤や防災や教育などさまざまなしくみを設計することをいう。
□065 尊敬語	話し手が相手または相手に関係する人やその動作，持ち物などを敬うことで敬意を表す敬語のことをいう。
□066 存じかねます	「わかりません」「知りません」を丁寧に述べるビジネス慣用敬語である。ソフトな言い回しになる。

□067 た だ 今	「今」よりも丁寧な印象を与えるビジネス慣用敬語である。「〜参ります」「〜伺います」などと続けて用いる。
□068 知的財産権	特許権や実用新案権, 小説などの著作権など知的創造活動によって生み出されたものを保護する権利のことを総称していう。
□069 ちょうだいいたします	物を受け取るときのほか,「(自分が)食べる」,「飲む」の意味でも用いるビジネス慣用敬語である。
□070 直接的コミュニケーション	会議などで実際に会って話をしたり, ボディランゲージなどでお互いに意思のやりとりをしたりしてコミュニケーションをとることをいう。
□071 低炭素社会	地球の温暖化を緩和するために, 二酸化炭素の排出を少なくしている社会のことをいう。
□072 丁 寧 語	言い回しを丁寧にすることで, 敬う気持ちを表現する敬語のことをいう。たとえば「見る」は「見ます」,「食べる」は「食べます」となる。
□073 データマイニング	情報通信技術を用いて, 多くのデータから新たな法則やパターンを発見する技術のことをいう。
□074 内 部 情 報	企業内部に保管されている顧客データベースや各種の帳簿類, クレームの記録などを総称していう。これに対して企業外部にある情報を外部情報という。
□075 ニ ー ズ	「〜たい」という気持ちのことをいう。
□076 二 次 情 報	一次情報を加工して得られた情報のことをいう。
□077 二 重 敬 語	「ご覧になられましたか」などのように同じ種類の敬語を二重に用いることをいう。この場合は「ご覧になる」(尊敬語)と「〜られる」(尊敬語)を重ねて用いており,正しくは「ご覧になりましたか」となる。同様に「おっしゃられたように」という表現も間違いで, 正しくは「おっしゃったように」となる。
□078 ノーマライゼーション	高齢者や障がい者などさまざまな人たちが平等に生きていける社会にしていくという考え方である。具体的には, どんな人でも使えるユニバーサルデザインの考え方やさまざまな障壁をなくしていくバリアフリーといった考え方となる。
□079 後 ほ ど	「後で」を丁寧に表現したビジネス慣用敬語である。「〜お電話いたします」などのように用いる。この反対が「先ほど」である。
□080 ノンバーバルコミュニケーション	ことばを用いないで, 身ぶりや手ぶり, 表情などでコミュニケーションをとることをいう。

□081 バーバルコミュニケーション	会議・電子メール・印刷物・会話などことばを用いてコミュニケーションをとることをいう。
□082 白　　書	政府の施策や現状分析などについて，国の中央省庁が編集して発行している出版物のことをいう。記述内容の信頼性はきわめて高い。
□083 PDCA サイクル	品質管理や経営管理などで用いられる用語で，「Plan（計画）−Do（実行）−Check（評価）−Action（改善）の頭文字をつなげた用語である。一定の条件のもとに，計画を立案したうえで業務を実行し，その結果と計画内容をてらしあわせて検証し，より良い業務に改善していくというサイクルを描く。
□084 ビッグデータ	巨大でさまざまなデータにより構成されているデータ群のことをいう。
□085 フィンテック	金融（ファイナンス）と技術（テクノロジー）を組み合わせた造語で，金融サービスと情報通信技術を組み合わせたさまざまな動きのことを指す。
□086 フェイクニュース	インターネット上で流布する偽の情報や誤った情報のことを指す。
□087 フォーマルコミュニケーション	組織上の正式な経路をとおしておこなわれるコミュニケーションで，上司から部下に対する指示・情報伝達や部下から上司に対する報告・連絡・相談などがある。
□088 フォロー機能	ポータルサイトなどで自分が興味のある用語やテーマを登録しておくと，最新のニュースを自動的に収集してくれる機能のことをいう。
□089 普　通　礼	一般的なあいさつをするときにするお辞儀で，「おはようございます」「いらっしゃいませ」といった言葉と組み合わせる。上体を30度に倒し，靴のつま先の前方1〜1.5mに視線をあわせる。
□090 プライバシー	個人が自由にできる私生活のことをいう。こうした私生活については他人や社会からは干渉を受けないのが原則である。
□091 フロー図	システム的な手順や時間的な順序をもつデータを，フローチャート方式で表現した図をいう。
□092 ブ　ロ　グ	ウェブログを短縮した呼び方で，個人の意見や専門的な知識を伝える日記形式のウェブサイトのことである。
□093 プロダクト・アウト	企業など作り手が良いと思った製品やサービスを作るという考え方である。この反対がマーケット・インという考え方になる。
□094 棒 グ ラ フ	長方形の棒の長さでデータを表現するグラフである。二つ以上のデータを比較するときによく用いられる。棒が伸びる方向は縦の場合と横の場合とがある。

□095 報 連 相	報告・連絡・相談を短縮した表現である。
□096 ホスピタリティ	顧客のことを考えた「心からのおもてなし」「思いやり」の精神をいう。接客や接遇以外の場面でも重要である。
□097 マーケット・イン	顧客のニーズに適合した製品やサービスを生み出して販売していこうという考え方を指す。この反対がプロダクト・アウトである。
□098 マイクロプラスチック	直径5mmより小さいプラスチックのことをいい，海洋汚染の原因にもなっている。
□099 参ります	「来る」の謙譲語である。
□100 マスコミュニケーション	新聞・雑誌・ラジオ・テレビなど大量の情報を一括して流す媒体（メディア）のことをいう。「マスコミ」と略す場合もある。
□101 申し訳ございません	お詫びの意思をあらわすビジネス慣用敬語である。ビジネスの場では「すみません」「ごめんなさい」は用いない。
□102 ユニバーサルデザイン	言語や文化，年齢や性別などの違いに関わらず利用できるように工夫された建物や製品のデザインのことをいう。
□103 よろしいでしょうか	お客様や上司から了解を得たり，確認したりする場面で使用するビジネス慣用敬語である。ビジネスの場面では「いいですか」は用いない。
□104 レーダーチャート	複数の項目の大きさを視覚的に比較できるようにしたクモの巣状のグラフである。全体的な特性をみるのに適している。
□105 ローカライゼーション	海外でビジネスを展開するさいに，その地域の文化や習慣に配慮して適応していくことをいう。

身近な地域のビジネス

□001 D M O	観光地域づくり法人の英語の略称である。観光地域のマーケティングやマネジメントをおこなって，さまざまな利害関係者の合意を形成する。
□002 M I C E	企業の会議や社員旅行・研修旅行，学会などによる国際会議や展示会など多くの集客が見込めるビジネスイベントの総称である。
□003 オーバーツーリズム	観光客があまりに増えすぎて，地域住民の生活環境や自然環境などに悪い影響を及ぼすことをいう。
□004 買い物難民（買い物弱者）	少子高齢化や過疎化などの影響で，日用品や食料品の購入に支障をきたしている人たちのことをいう。
□005 関係人口	ある特定の地域と継続的に密接に関わる人びとのことをいう。たとえば，その地域にかつて住んでいた人や親戚が住んでいる人，観光で何度

も訪れている人などが該当する。

□006 **観光列車**

　列車に乗ることが移動手段ではなく，乗ることそれ自体が観光の目的となる魅力的な列車のことをいう。たとえば博多駅から湯布院や別府をつなぐ「ゆふいんの森」などがある。

□007 **共通価値の創造**

　社会に対して価値を創造することによって，企業も経済的価値を得ようとする考え方をいう。

□008 **限界集落**

　人口の50％以上が65歳以上の高齢者によって占められている集落のことをいう。そのため農業用水や道路の維持管理などが限界に近付いている。

□009 **コミュニティ・ビジネス**

　地域の課題をビジネスの手法によって解決しようとすることをさす。たとえば過疎化が進む地域に，人が新たに来たくなるような社会的な価値を生み出すことなどをさす。地域ビジネスということもある。

□010 **コミュニティの希薄化**

　地域コミュニティへの帰属意識や愛着などが希薄化している現象のことをさす。必ずしも過疎化した地域だけの問題ではなく，都市部でも独居高齢者や定職をもたない若者などが孤立する現象が社会問題になっている。

□011 **サードプレイス**

　自宅や学校あるいは職場以外に，自分から進んで向かう場所のことをいう。このとき自宅がファーストプレイス，学校や職場はセカンドプレイスとなる。こうした場所には精神的負担やストレスを軽減する効果があるといわれている。

□012 **事業継承**

　企業の経営を後継者に引き継ぐことをいう。中小企業の経営者や小規模事業者の高齢化が進んでいる現在，後継者が見つかりにくくなっているのが課題となっている。

□013 **持続可能性**

　現役世代のメリットだけでなく将来世代のことも考慮に入れることをいう。たとえば地域の住民との共生や自然環境との調和をはかり，次世代のことまで考慮に入れることなどをさす。

□014 **シャッター通り（シャッター街）**

　営業を休止してシャッターを下ろしている店舗が多く見られる商店街や町なみをさす用語である。

□015 **スポンサーシップ**

　企業がスポーツクラブや芸術活動や文化活動などに金銭を出資したり人を派遣したりすることをいう。地域振興のために地域のスポーツクラブに出資する企業も増えている。

□016 **多文化共生**

　異なる文化的背景をもつさまざまな人が共生する社会を重視する考え方である。

□017 **地域通貨**

　特定の地域だけで商品やサービスの購入に利用できる「通貨」のことを

いう。最近では電子マネーの形態で発行されることが増えている。

□018 地域ブランド

その地域特有の商品やサービスを開発し，その売上高が地域に対するイメージも向上させるようなブランドのことをいう。たとえば商標登録された「宇都宮餃子」などがある。

□019 地産地消

地域で生産されたものを地域で消費することをいう。たとえば地域のスーパーマーケットが，地域の農家とタイアップして新鮮な朝採れ野菜や有機野菜を販売することなどをさす。

□020 地方創生

六次産業の創出や訪日外国人旅行者の誘致などそれぞれの地方で経済の活性化をおこない，住みやすい環境を整えることで，日本全体の活力も維持していこうとすることをいう。

□021 伝統産業

日本の伝統と文化に根差した伝統工芸品を作り出す産業のことをいう。

□022 中　食

家庭外で調理された食品を買ってきて，家で食べることをいう。一方，食材を購入して調理した料理を食べることを内食，外で食事をすることを外食という。

□023 ライドシェア

アプリケーションを活用して，ドライバーと相乗り希望者をマッチングするサービスである。たとえば東京から横浜までライドシェアで移動する場合，ドライバーの自家用車に相乗り希望者が数人同乗することになる。この結果，高速道路の利用料金やガソリン代などを全員で分担できることになる。しかし，我が国ではまだライドシェアは実験的に一部の利用のみ認められている。

□024 リノベーション

建物に大規模な工事をおこなうことによって，以前にはなかった新しい価値を付与することをいう。たとえば古民家を工事して現代風の内装に変化させることなどをいう。一方，老朽化した建物を単に修理して新築の状況に戻すことをリフォームという。

重要用語チェック

重要用語が理解できているか，チェックしてみよう。

(⇒模範解答はp.162〜163)

【経済と流通】

☐☐　企業と企業の間でおこなわれる電子商取引のことを，英語の略称で ___(1)___ という。

☐☐　バーチャルショップなど企業と消費者の間でおこなわれる電子商取引のことを，英語の略称で ___(2)___ という。

☐☐　インターネットオークションなど消費者と消費者の間でおこなわれる電子商取引のことを ___(3)___ という。

☐☐　通信回線を通じて，見積書や納品書，請求書などのやりとりをおこなう電子データ交換のことを，英語の略称で ___(4)___ という。

☐☐　販売のさいにバーコードを読み取って性別や年齢層などの顧客情報や販売情報を記録し，商品の品ぞろえなどに活用する販売時点情報管理システムのことを ___(5)___ という。

☐☐　ブランド品などの在庫を低価格で販売する小売業者が集積した商業施設を ___(6)___ という。

☐☐　証券会社が投資家の委託を受けて証券の売買をおこなうことを ___(7)___ という。

☐☐　物々交換の相手を個別に探す不便を取り除くために，多くの人びとが集まる一定の場所で，特定の日に定期的に交換をおこなうようになったことを ___(8)___ という。

☐☐　家族または少数の従業員を雇用して，一種類から数種類の商品を仕入れて販売する小規模小売店のことを ___(9)___ という。

☐☐　住宅街や駅前など需要が見込まれる地域に，自動車や自転車などで移動して商品を販売することを ___(10)___ という。

☐☐　一定の運賃や手数料をとって，他人のために貨物運送業務をおこなう業者のことを ___(11)___ という。

☐☐　海洋上を船舶で貨物を輸送することを ___(12)___ という。

□□　生活用品(消費財)の分類の一つで，消費者がいくつかの小売店舗を見て回り，価格や品質・デザインなどを比較・検討してから購入する商品のことを (13) という。

□□　ショッピングセンターで集客の中心となるテナントのことを (14) という。

□□　経済主体の一つで，商品やサービスの消費生活を営む主体を (15) という。

□□　普通銀行の三大業務の一つで，預金者から預かった資金を貸し出して，利息を受け取って収益を上げる業務を (16) という。

□□　家庭用電気製品やスポーツ用品，家具など特定の分野で低価格販売をおこなう小売業者のことを (17) という。

□□　金融機関が預金者から資金を預かり，資金の需要者に対して資金を融通することを，直接金融に対して (18) という。

□□　トレード・オフの関係のもとで，一方の選択をおこなった場合に，断念せざるをえない他方の利得のことを (19) という。

□□　経済主体の一つで，家計から労働力と資本(資金)を得て，各種の商品やサービスの生産・流通といったビジネスをおこなう主体を (20) という。

□□　どのような販売方法を採用しているのかを基準として，小売業者を分類する方法を (21) という。

□□　届け先が共通の複数の企業が貨物を持ち寄り，配送を共同しておこなうことを (22) という。

□□　金属を用いた貨幣のことを (23) という。

□□　航空機によって空路を利用して貨物を輸送することを (24) という。

□□　卸売業者や生産者から商品を仕入れて，消費者に販売する売買業者のことを (25) という。

□□　コンテナに貨物を入れて，輸送・荷役することを (26) という。

□□　住宅地や道路沿い，病院や大学，駅構内などにあって，食料品や日用雑貨などの最寄品を原則として年中無休24時間営業で，セルフサービス方式で販売している小売業者は， (27) である。

□□　就業人口の割合や国内総生産に占める割合などで，第三次産業の占める割合が著しく増加傾向にあることを　(28)　という。経済のソフト化，あるいは単にサービス化ということもある。

□□　バイオマス・太陽熱利用・雪氷熱利用・地熱発電・風力発電・太陽光発電など温室効果ガスを排出しないエネルギーのことを　(29)　という。

□□　原材料の調達・製造・輸送・販売を一貫した流れでとらえて，全体最適をはかるために在庫量の削減と設備・施設の効率的な管理をおこなうことを　(30)　という。

□□　企業が業務用に消費する原材料・部品・設備・消耗品などを総称して　(31)　という。

□□　生産と消費の間にある生産する時期と消費する時期の違いのことを　(32)　という。

□□　証券会社が自らの判断で証券を売買し，その売却益を得る取引のことを　(33)　という。

□□　自動車による陸上輸送のことを　(34)　という。

□□　社会的に生産を担う生産者と消費を担う消費者が異なるという隔たりを　(35)　という。

□□　店舗に来店する消費者の地理的範囲のことを　(36)　という。

□□　生産者から消費者まで売買によって所有権が移転していく流れのことを　(37)　という。

□□　異なる業種の小売業者が，人びとが集まりやすい場所や交通の便のよい場所に自然発生的に集まっている集団立地（商業集積）を　(38)　という。

□□　生活必需品はなるべく安く購入し，自分が気に入った商品やサービスは多少高額でも購入しようとする傾向のことを　(39)　という。

□□　流通において，生産者に関する情報や消費者のニーズに関する情報などの流れを総称して，　(40)　という。

□□　店舗（リアル店舗）で商品を比較検討し，実際の購入はインターネットでおこなうことを　(41)　という。

□□　専門の開発業者(ディベロッパー)が計画・運営する計画的・人工的な商業施設(商業集積)のことを　(42)　という。

□□　セルフサービス方式を採用し，主として食料品を中心に大量仕入・大量販売をおこなうことによって廉価販売する小売業者のことを　(43)　という。

□□　公共の立場から，一定の政策的見地にもとづいて国や地方公共団体がおこなう保険のことを　(44)　という。

□□　土地・資本・労働力の生産要素は，人びとの欲求を満たせるほど十分には存在していない。これを生産要素の　(45)　という。

□□　被保険者が死亡したさいに保険金が支払われる死亡保険と契約期間にわたり生存していた場合に保険金が支払われる生存保険を組み合わせた保険を　(46)　という。

□□　売り場の売れ筋商品を企画に反映させ，売れ筋商品の情報を生産現場と直結させて商品開発や在庫の調整に役立てる，生産から卸売・小売までを一体化した業態を　(47)　という。

□□　顧客が売り場を自由に歩いて商品を選び，代金はまとめてレジ(レジスター)で支払う方式を　(48)　という。

□□　多種多様な商品を取り扱い，貿易業務や資源・海洋・宇宙開発など大規模事業の支援などもおこなう卸売業者は　(49)　である。

□□　最寄品を中心として買回品も一部含めた豊富な品ぞろえで，セルフサービス方式を採用して廉価販売をおこなっている大規模な小売業者は　(50)　である。

□□　倉庫を利用して，他人から寄託を受けた貨物を保管する業者は　(51)　である。

□□　主として各種の財産上に生じる損害をてん補する保険は，　(52)　である。

□□　産業分類の一つで，農業・林業・漁業が構成する産業は　(53)　である。

□□　産業分類の一つで，第一次産業と第二次産業以外の事業で構成される産業は，　(54)　である。

□□　産業分類の一つで，鉱業・採石業・砂利採取業，建設業，製造業が構成する産業は，　(55)　である。

□□　さまざまな種類の商品を少しずつ生産することを，　(56)　という。

□□　単一の企業が同じ形態または類似した多数の店舗を設けて，中央本部が集中的に管理・運営する大規模な小売業者の形態を　(57)　という。

□□　新聞・雑誌・テレビ・インターネットなどの広告を通じて，あるいはカタログやダイレクトメールを見込客に送付するなどして，電話や電子メール，ファックスなどで注文を受けて商品を販売する方式を　(58)　という。

□□　割引販売を実施している小売業者のことを　(59)　という。

□□　鉄道によって貨物を輸送することを　(60)　という。

□□　あらかじめ契約で一定限度額まで当座預金口座の残高以上の小切手の振り出しを銀行が認めることがある。この契約のことを　(61)　という。

□□　セルフサービス方式を採用しており，健康と美容に関する医薬品や化粧品を中心に日用雑貨や加工食品など日常性の強い商品を低価格で販売している小売業者は，　(62)　である。

□□　二つの選択肢がある場合に，一方を選択すれば他方を断念しなければならないという二律背反の関係を　(63)　という。

□□　製造業(メーカー)などがつけるブランドのことを　(64)　という。

□□　民間出資45％と政府出資55％で設立された日本の中央銀行は　(65)　である。

□□　商品を輸送するさいの積み込みや取り下ろし，商品を保管するさいの入庫や出庫に関連する作業のことを　(66)　という。

□□　商品の生産と消費において，生産地と消費地が異なることを　(67)　という。

□□　パレットの上に貨物を積載し，フォークリフトを活用して荷役を効率的におこなうしくみのことを　(68)　という。

□□　生命保険で保険をかけられる人のことを　(69)　という。多くの場合，保険契約者と同一人である。

□□　買回品を中心に，最寄品から専門品まで多種類の商品を揃え，部門ごとの売り場に分けて対面販売をおこなう大規模な小売業者は　(70)　である。

□□　都市銀行・地方銀行・第二地方銀行を総称して　(71)　という。

□□　商品の移動を場所的・時間的にとらえた流通のことを　(72)　という。

□□　物々交換が発達してくると，多くの人びとが価値を認め，交換に応じる特定の「もの」を媒介物として交換をおこなうようになる。このとき用いられた石・穀物・布帛といった媒介物のことを　(73)　という。

□□　物と物との直接交換を　(74)　という。

□□　貨物が増える一方で輸送能力が減少していることを，　(75)　という。

□□　商品の保管だけでなく，検品・梱包・組み立てなど流通加工もおこなう施設のことを　(76)　という。

□□　特定の航路を定めずに運行する船舶によって，貨物を輸送することを　(77)　という。

□□　卸売業者や小売業者など売買業者がつけるブランドのことを　(78)　という。

□□　フランチャイズシステムにおける本部のことを　(79)　という。

□□　フランチャイズシステムにおける加盟店のことを　(80)　という。

□□　オリジナリティの高い商品やサービスを開発した企業が本部となり，加盟店を集めて一定の地域における販売の権利を与え，商品の供給や経営指導などをおこなうチェーン組織のことを　(81)　という。

□□　生産や仕事の工程を複数人で分けることを　(82)　という。

□□　企業が顧客の利用金額や購入回数などに応じてポイントを発行し，顧客がそのポイントを蓄積して商品の購入代金などにあてることができるカードを　(83)　という。

□□　商品の破損・変質・減量などを防ぐとともに，輸送・保管・荷役作業を効率化するために商品を一定単位にまとめることなどを　(84)　という。

□□　販売員が見込客の家庭や職場を個別に訪問して，店舗外で商品の引き渡しと代金の受け取りをおこなう販売方法のことを　(85)　という。

□□　日曜大工用品を中心に自動車用品・園芸用品・家庭用品など生活関連の商品を幅広くそろえた大型の小売業者のことを　(86)　という。

□□　生産と消費の時間的隔たりを埋めるために，生産された商品を必要な時期まで安全にしまっておくビジネス活動のことを　(87)　という。

□□　不慮の事故や天災などによる経済的損失を補償する損害保険会社や生命保険会社のことを　(88)　という。

□□　多数の独立した小売業者が一つの大きな組織をつくり，共同仕入や共同広告などを本部の管理・統制のもとに集中的におこなうチェーン組織のことを　(89)　という。

□□　二酸化炭素排出量が多い自動車輸送から，環境負荷が小さい鉄道や船舶などの輸送に切り替えて，環境負荷の軽減をはかることを　(90)　という。

□□　消費財または生活用品の分類の一つで，一般食料品や日用雑貨品などのように，消費者が近くの店舗で毎日購入するような商品のことを　(91)　という。

□□　コンテナに貨物を収納したり，パレット上に貨物を積載したりして，貨物を標準化した一定の単位にまとめて輸送することを　(92)　という。

□□　預入期間の定めがなく，預金者の請求(要求)によって，ただちに引き出すことができる預金のことを　(93)　という。

□□　店舗設計や商品陳列などのアドバイスや情報システムの支援など卸売業者が小売業者へおこなう経営・販売支援活動のことを　(94)　という。

□□　フランチャイズチェーンにおいて，フランチャイジーがフランチャイザー(本部)に対して支払う権利使用料などのことを　(95)　という。

□□　一つの店舗で多種類の商品をまとめて購入できることを　(96)　という。

【企業活動】

□□　マーケティングを商品・価格・流通・販売促進の4つの観点で分類し，働きかけをおこなうことを　(97)　という。

□□　顧客と良好な関係を築き，長期にわたって収益を計上していくために顧客関係管理をおこなうことを　(98)　という。

□□　市場全体を何らかの基準で細分化し，細分化した市場のなかから標的とする「層」に狙いを定め，そのなかで競合他社との差別化(差異化)をはかることを　(99)　という。

□□　自社の内部環境を「強み」と「弱み」，外部環境を「機会」と「脅威」に分類して，マーケティングの方向性など企業活動を具体化するために用いられる分析のことを　(100)　という。

□□　新しい商品の開発や市場の開拓，新しいビジネスのしくみや経営組織の形成によって新たに社会的な価値を生み出すことを　(101)　という。

□□　原材料の仕入れや従業員の給料の支払いなど，日常的・短期的に繰り返される用途にあてられる資金のことを　(102)　という。

□□　値下げしたり，端数の価格を活用したりして売上高の増加をはかる政策のことを　(103)　という。

□□　課税所得や税額を確定するために納税義務者がおこなう申告のことを　(104)　という。

□□　株式を発行して出資を募り，設立される会社のことを　(105)　という。

□□　株式会社の最高意思決定機関で，株式会社の基本方針や重要な議案について意思決定をおこなう機関は　(106)　である。

□□　株式会社の出資者のことを　(107)　という。

□□　主に社外取締役が監査等委員会を通じて取締役の業務を監査する株式会社のことを，　(108)　という。監査等委員会は3人以上で構成され，その過半数は社外取締役である。

□□　税を納める人（納税者）と税を負担する人（担税者）が異なる税金のことを　(109)　という。

□□　経済事業を通じて社会に貢献することを目的に，企業を起こそうとする創造的精神のことを　(110)　という。

□□　一部の経営者の恣意的な判断や企業倫理からの逸脱を防止し，適正・適法で透明な意思決定をおこなう企業のしくみのことを　(111)　という。

□□　環境問題への取り組みや人権問題への配慮など企業が社会全体に負っている責任のことを　(112)　という。

□□　経済取引上弱い立場にある消費者，小規模な農業者や漁業者，競争上不利な立場におかれている商工業者などが多数集まり，相互扶助の精神で協力して設立する事業組織のことを　(113)　という。

□□ ビジネスを展開するさいに，利益だけではなく，事業を通じて社会に貢献していこうとする理念のことを (114) という。

□□ 従業員の給料に課税される所得税については，企業が給料を支払うさいにあらかじめ差し引いておき，従業員に代わって納付する。このしくみのことを (115) という。

□□ 国や地方公共団体の出資によって設立された企業のことを (116) という。

□□ 無限責任社員のほかに有限責任社員を加えて，設立される会社を (117) という。

□□ 国や地方公共団体と民間企業の共同出資によって設立された企業のことを (118) という。

□□ 有限責任社員のみで構成される共同企業で，社員の議決権や利益配分の割合などを定款で自由に決められる会社を (119) という。

□□ 国に納付する税金を (120) という。

□□ 企業が作成する貸借対照表や損益計算書などの書類を総称して (121) という。

□□ 民間の個人や団体が出資者となって設立した企業を (122) という。

□□ 複数の事業を営む企業で，事業部ごとに必要な機能がそなわっているしくみのことを (123) という。

□□ 取締役会のなかに社外取締役が中心となった指名委員会・監査委員会・報酬委員会を設置している株式会社のことを (124) という。

□□ 印紙税の納付などに用いられる国(財務省)が発行する証ひょうのことを (125) という。

□□ 消費者が負担し事業者が納税する間接税で，消費に対して広く一般に課税される税金は， (126) である。

□□ 販売や仕入など職能に応じて編成された組織(経営組織)のことを (127) という。

□□ 企業の規模が大きくなればなるほど出資した人と専門的に経営にあたる人とが分離していくことを (128) という。

□□　納税者が納付すべき税額を自分で計算し，それを申告して税額を確定する制度または方式を　(129)　という。

□□　企業の規模が大きくなるにつれて，管理の階層が上下に分化していくことを　(130)　という。

□□　企業内の基本的な仕事が仕入・製造・販売などのように，作業の内容に応じて分化していくことを　(131)　という。

□□　業務の成果を賃金に反映させる制度のことを　(132)　という。

□□　マーケティングにおいて製品やサービスにかかわるさまざまな政策のことを　(133)　という。

□□　なんらかの基準をもとに市場を細分化することを　(134)　という。

□□　一定期間にわたる企業の経営成績をあらわす財務諸表は　(135)　である。

□□　工場や支店の建設あるいは設備の購入など，長期にわたって事業を支える要素に投じられる資金のことを　(136)　という。

□□　セグメンテーションの後に，特定の「層」を標的として選びだすことを　(137)　という。

□□　一定時点の企業の財政状態をあらわす財務諸表は　(138)　である。

□□　会社の基本原則のことを　(139)　という。

□□　会社の業務執行を決定し，代表取締役を選定・解職する取締役全員によって構成される機関のことを　(140)　という。

□□　年齢や勤続年数に応じて賃金や社内の職制があがっていくことを　(141)　という。

□□　雇用期間が契約で定められ，雇用期間を延長するためには契約の更新が必要な正規雇用以外の雇用形態を　(142)　という。

□□　給与や賞与とは別に，企業が従業員やその家族に利益や満足をもたらすために設けた制度のことを　(143)　という。

□□　国や地方公共団体が納付すべき税額を確定する制度あるいは方式のことを　(144)　という。

□□　マーケティングを展開するさいに，商品・価格・流通・販売促進(プロモーション)の適切な組み合わせを考えることを　(145)　という。

□□　企業に対する出資者の責任が，出資者の財産にまで及ぶことを　(146)　という。

□□　出資者が自分の出資額の範囲でしか責任を負わないことを　(147)　という。

□□　労働条件における最低限度の基準を定めた法律は，　(148)　である。

□□　仕事と生活の調和をはかることを　(149)　という。

【身近な地域のビジネス】

□□　少子高齢化や過疎化などの影響で，日用品や食料品の購入に支障をきたしている人たちのことを　(150)　という。

□□　現在の世代のことだけでなく将来の世代のことも考慮することを　(151)　という。

□□　営業を休止してシャッターを下ろしている店舗が多く見られる商店街や町なみのことを　(152)　という。

□□　その地域特有の商品やサービスを開発し，その売上高が地域に対するイメージも向上させるようなブランドのことを　(153)　という。

□□　地域で生産されたものを地域で消費することを　(154)　という。

□□　六次産業の創出や訪日外国人旅行者の誘致などそれぞれの地方(地域)で経済の活性化をおこない，住みやすい環境を整えることで，日本全体の活力も維持していこうとする考え方を　(155)　という。

【取引とビジネス計算】

□□　小切手の表面に2本の平行線を引いたり，さらにそのなかに「銀行渡り」などと記載した小切手を　(156)　という。

□□　船積港で商品を本線に積み込むまでの費用のほかに，陸揚港までの海上運賃と保険料も売り手が負担する条件の価格を　(157)　という。

□□　概数を用いて数量または金額を計算することを　(158)　という。

□□　ある期間を計算するさいに初日または末日のいずれか片方を期間に算入しないことを　(159)　という。

□□　ある国の度量衡から制度の異なる他の国の度量衡に変更することを　(160)　という。

□□　元金(元本)と利息の合計額を　(161)　という。

□□　利付債券を売買するさいに，前の利払日から取引日までの経過日数によって計算された利息のことを　(162)　という。

□□　注文した商品が届いたときに，注文書控えや納品書と品目・数量などを照合し，輸送中の損傷や変質などがないかといった検査をすることを　(163)　という。

□□　売り手の工場や倉庫などで買い手に商品を引き渡す条件の価格を　(164)　という。

□□　売買契約の成立後，比較的短時日(数日以内)に商品を受け渡しすることを　(165)　という。

□□　予定売価に対して値引きをおこなった場合，その値引き後の金額を　(166)　という。

□□　売買契約の成立と同時に商品を受け渡しすることを　(167)　という。

□□　商品の価格は，商慣習によって商品の一定数量ごとに価格がつけられている。この価格を示す基準となる商品の一定数量のことを　(168)　という。

□□　元金(元本)に対して，一定の割合(利率)で利息を計算する方法を　(169)　という。

□□　電子記録債権法によって認められた電子化された債権のことを　(170)　という。

□□　小切手の表面に2本の平行線を引き，その平行線の間に特定の銀行名を書き入れた小切手のことを　(171)　という。

□□　商品の受け渡し時期を決める方法の一つで，契約成立後，相当の期間が経過した後に商品を受け渡すことを　(172)　という。

□□　数字のある位に着目したさいに，その下の位の端数を四捨五入・切り上げ・切り捨てによって処理することを　(173)　という。

□□　半年に１回利息を計算して元金に繰り入れることを　(174)　という。この場合，期数は１年に２回で年利率を半分にして計算する。

□□　商品の引き渡しと同時に現金や小切手で代金を支払う方法を　(175)　という。

□□　一定の期日に受け払いする期日受払高を期日前に複利で割り引いて受け払いするときの金額を　(176)　という。

□□　複利法において，期日または満期日における元利合計のことを　(177)　という。

□□　毎期支払われる年金の最初の受払日における複利現価の総和を　(178)　という。

□□　毎期支払われる年金の最終期末における複利終価の総和を　(179)　という。

□□　一定の期間ごとに利息を元金(元本)に繰り入れて，その元利合計を次期の元金(元本)として利息を計算していく方法を　(180)　という。

□□　複利終価から元金(元本)を差し引いた金額を　(181)　という。

□□　交通機関やコンビニエンスストアなどで利用されている無記名式の前払い方式のカードのことを　(182)　という。

□□　船積港の本船に商品を積み込むまでの費用と危険(リスク)を売り手が負担する条件での価格のことを　(183)　という。

□□　一定の品質を示すその商品の「通り名」のことを　(184)　という。

□□　買い手の指定する場所に商品を持ち込むまでの費用をすべて売り手が負担するときの価格を　(185)　という。

□□　債券に投資した金額に対する１年間の収益額の割合のことを　(186)　という。

□□　ある期間が何日かを計算するときに，初日と期日(満期日)の両方を算入することを　(187)　という。

【ビジネスに対する心構え】

□□　廃棄物の発生抑制（Reduce）・再使用（Reuse）・再資源化（Recycle）を総称して英数字の表記で　(188)　という。

□□　「誰が」「なぜ」「何を」「いつ」「どこで」「どのように」「いくつ」「どれだけの量」という8つの要件を総称して　(189)　という。

□□　2015（平成27）年に国連サミットで定められた「持続可能な開発目標」のことを英語の略字で　(190)　という。

□□　昼休み中の会話や同期会など組織（経営組織）の枠組みにとらわれない自然発生的なコミュニケーションのことを　(191)　という。

□□　職場の上司などと廊下ですれ違うさいや部屋の入退室のさいにするお辞儀を　(192)　という。

□□　「席次」（席順）で，一番目上の人や年齢が高い人が座る席のことを　(193)　という。

□□　文書や印刷物，情報通信機器などを媒介したコミュニケーションのことを　(194)　という。

□□　お礼やお詫びをするときにおこなう最も丁寧なお辞儀を　(195)　という。

□□　会議などで実際に会って話をしたり，ボディランゲージなどでお互いに意思のやりとりをしたりしてコミュニケーションをとることを　(196)　という。

□□　ことばを用いないで，身ぶりや手ぶり，表情などでコミュニケーションをとることを　(197)　という。

□□　会議・電子メール・印刷物・会話などことばを用いてコミュニケーションをとることを　(198)　という。

□□　計画・実行・評価（点検）・改善を繰り返しおこなうことで，より良い業務に改善していくことを英語の頭文字をとって　(199)　という。

□□　顧客のことを考えた「心からのおもてなし」「思いやり」の精神のことを　(200)　という。

分 野 別 問 題

〔経済と流通〕

1　次の文章を読み，問いに答えなさい。　　　　　　　　　　　　　　　　　　　　（第19回改題）

　　企業を取り巻く環境が大きく変化している今日では，多くの新たなビジネスの創造が求められている。以下は，新しいビジネスに挑戦しようとしている人の話である。

　　「私たちは，犬のレンタルサービス業を企画しています。アニマルセラピー（動物の癒し）効果を狙ったレンタル方式です。そこで，私たちは(a)下のような，ビジネスに対する基本的な考え方を掲げ，経営活動に取り組んでいきます」。

　　このように，(b)新たなビジネスに挑戦し，その実現に向け，強い意思をもって実行に移す勇気や情熱があってこそ，ビジネスの創造・発展に繋がるのである。

> **弊社のビジネスに対する基本的な考え方**
> ①私たちは，豊かで安らぎのある生活の提案をします。
> ②私たちは，しつけの行き届いた犬の提供をします。
> ③私たちは，犬の情報発信基地としての役割を果たします。
> ④私たちは，お客様に信頼される店づくりを目指します。

問1．下線部(a)を何というか，次のなかから最も適切なものを一つ選びなさい。

　ア．就業規則　　　　イ．経営理念（企業理念）　　　　ウ．自己責任

問2．下線部(b)を何というか，次のなかから最も適切なものを一つ選びなさい。

　ア．ハングリー精神　　　　イ．愛社精神　　　　ウ．起業家精神

	問1	問2
1		

（⇒別冊解答p. 2）

2　次の(1)～(5)のうち，条件に当てはまるものにはＡを，それ以外にはＢを記入しなさい。ただし，すべてに同一の記号を記入した場合は5問全部を無効とする。　　　　　　　　　　（第20回改題）

　【条件】経済主体としての家計の役割

(1)　他の経済主体から税金を徴収して行政サービスを提供する。

(2)　他の経済主体に労働力を提供して給料（賃金）を得る。

(3)　商品やサービスを購入して消費活動をおこなう。

(4)　商品やサービスを生産・販売して利益を得る。

(5)　景気の動きを調整して経済の安定化をはかる。

	(1)	(2)	(3)	(4)	(5)
2					

（⇒別冊解答p. 2）

3 次の文章を読み，問いに答えなさい。

　高校生のA君の家族は，自動車メーカーに勤めている父と近所のスーパーでパートタイマーをしている母，そして大学生の姉の4人である。

　父親が勤めている自動車メーカーは海外との取引が多く，(a)さまざまな部品と原材料を輸入し，完成させた自動車を多くの国々に輸出している。最近では海外での生産も増加してきたため，父親も海外に出張することが増えてきた。

　母親は，勤務をしているスーパーで清涼飲料の発注と棚出しを担当している。(b)最近はミネラルウォーターがよく売れるため，商品の種類も増えてきたという。そのため売れ筋商品を見極めることが大変らしい。

　姉は就職活動中であるが，同時に異なる二社から内定が出て悩んでいる。(c)片方のA社に就職すると全国に転勤があり得るが，その分年収は高い。もう片方のB社に就職した場合には転勤はないが，年収はかなり低くなる。父親は，姉に「社風や経営者の人柄，それから(d)機会費用なども考えてみるといいよ」とアドバイスしている。

問1．下線部(a)のようなことを何というか，次のなかから正しいものを一つ選びなさい。

　　ア．投　　資　　　　イ．貿　　易　　　　ウ．国際支援

問2．下線部(b)におけるミネラルウォーターの状況の説明として，次のなかから最も適切なものを一つ選びなさい。

　　ア．消費者の需要が増加してきたため，メーカーが供給を増加させていることが予測できる。

　　イ．消費者の需要が減少してきたため，メーカーが供給を増加させていることが予測できる。

　　ウ．消費者の需要が増加してきたため，メーカーが供給を減少させていることが予測できる。

問3．下線部(c)のような二律背反の関係を何というか，カタカナ6文字で正しい用語を記入しなさい。

問4．下線部(d)の説明として，次のなかから適切なものを一つ選びなさい。

　　ア．片方を選択したことによって得られる利得または価値のこと。

　　イ．A社を選択した場合の利得とB社を選択した場合の利得の差のこと。

　　ウ．片方の選択を断念したことによって失う利得または価値のこと。

	問1	問2	問3				問4
3							

（⇒別冊解答p. 2）

4 次の文章を読み，図を見て問いに答えなさい。

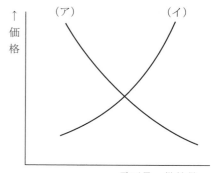

　市場に参加する売り手や買い手は，たとえ需要と供給の全体の動きはわからなくても，価格の動きをみながら売買をおこなっている。

　市場では，商品の価格が高くなると需要は少なくなり，安くなると需要は多くなる。また，商品の価格が高くなると，供給は多くなり，安くなると供給は少なくなる。

　こうした価格の変動にともなって，需要量と供給量が増減し，やがて需要量と供給量が一致したところで市場の価格が安定する。このような(a)需要（買い手）と供給（売り手）の全体の動きは，図のように表される。

問１．下線部(a)を表す図中の(ア)と(イ)の組み合わせとして，正しいものを選びなさい。

　ア．（ア）供給曲線・（イ）需要曲線

　イ．（ア）需要曲線・（イ）供給曲線

問２．図中の(ア)と(イ)の交点よりも価格が上昇した場合，市場はどのような状況になっているか，正しいものを一つ選びなさい。

　ア．商品が余り，売れ残りが生じている。

　イ．商品の供給量が不足している。

問３　景気の変化で買い手の所得が減少した場合，どのような結果になるか，次のなかから適切なものを一つ選びなさい。

　ア．買い手が消費に使える金額が増えるため，需要量が増加して，商品の価格は上昇する。

　イ．買い手が消費に使える金額が減少するため，買い手が買える商品の数量も減少し，その結果，商品の価格は下落する。

　ウ．買い手が消費に使える金額が減少するが，買い手が買える商品の数量には変化がないので，商品の価格は変化しない。

	問1	問2	問3
4			

（⇒別冊解答p. 2）

5 次の(1)～(5)の _____ に当てはまるものを解答群から選びなさい。

経済社会を構成する経済主体には，次の三つがある。

私たちの家庭は，経済的にみると，家族の生活を維持するために商品やサービスの消費活動を営む主体で， (1) と呼ばれる。 (1) は，企業に (2) を提供してその報酬として給料を得たり，あるいは資金を提供して，利子や利益の配分として (3) を得る。 (1) は，こうして得た所得をもとに，商品やサービスを消費するのである。企業は，商品やサービスの (4) ・流通といったビジネスを行い，利益の一部を活用して組織を維持・発展させる。

さらに，国や地方公共団体は，いろいろなサービスを行ううえで，主に (1) と同様に消費活動を営んでおり，これを (5) という。 (5) が必要とする資金は， (1) や企業から税金として徴収される。

【解答群】

ア．生　産　　イ．配　当　金　　ウ．家　　計　　エ．労　働　力　　オ．財　　政

	(1)	(2)	(3)	(4)	(5)
5					

（⇒別冊解答 p. 2）

6 次の文章を読み，問いに答えなさい。

　ビジネスとは，企業が利益の獲得を目的に営む事業活動であるが，これは，次のような分野の事業活動に分けることができる。

　(a)農水産物や工業製品などさまざまなものをつくり出す事業活動，(b)生産されたものを仕入れて販売し，その所有権を生産者から消費者へ移転させる事業活動，(c)ものを運ぶ事業活動，(d)ものをしまっておく事業活動，資金を融通する事業活動，(e)事故の危険に備えて，事故発生によって生じた損害を埋め合わせる事業活動，情報を円滑にやりとりするための事業活動，理髪・美容，観光，介護・福祉などさまざまなサービスを提供する事業活動，などがある。

問１．下線部(a)の事業活動を何というか，文中のなかから適切な語を選んで記入しなさい。

問２．下線部(b)の事業活動を担当する業者を何というか，適切な語を漢字４文字で記入しなさい。

問３．下線部(c)の事業活動を担当する業者を何というか，当てはまるものを次のなかから一つ選びなさい。
　ア．流通業者　　　　イ．サービス業者　　　　ウ．運送業者

問４．下線部(d)の事業活動を担当する業者を何というか，当てはまるものを次のなかから一つ選びなさい。
　ア．情報通信業者　　　イ．倉庫業者　　　　ウ．金融業者

問５．下線部(e)の事業活動を何というか，適切な語を漢字２文字で記入しなさい。

	問1	問2	問3	問4	問5
6					

（⇒別冊解答p. 3）

7 次の文章を読み，問いに答えなさい。 (第20回改題)

　ビジネスが発展し，私たちの暮らしは非常に便利になった。その反面，限りある資源の浪費や環境の悪化が問題となっている。

　そこで，これらの対応策として，(a)一度利用したものを回収し，再生して繰り返し利用することに企業・自治体・消費者が一丸となって取り組んでいる。例えば，古紙の利用や，ペットボトルから衣類を作ることが事業化されている。また，容器と包装にかかわる廃棄物を減らす「容器包装３R」という取り組みが展開され，容器包装の小型・軽量化によって，ゴミの排出量を減少させるとともに，(b)輸送による環境悪化を防止する効果が期待されている。

　さらに，2005年には環境大臣が新しいビジネススタイルとして(c)クールビズとウォームビズを提案した。これは職場での服装を改善することで，冷暖房の使用をひかえて電力消費量を抑えCO₂(二酸化炭素)の削減をはかるものである。

　このように，資源や環境の問題は，企業はもちろん各個人も真剣に考えていくべき重要な課題となっている。

問１． 下線部(a)のような活動を何というか，カタカナ５文字で正しい用語を記入しなさい。

問２． 下線部(b)の理由として，次のなかから最も適切なものを一つ選びなさい。

　ア．容器包装の小型・軽量化によって，輸送時間を短縮できる効果。

　イ．貨物の軽量化によって，荷役の作業が軽減できる効果。

　ウ．輸送回数や重量の軽減により，二酸化炭素排出量を削減できる効果。

問３． 下線部(c)はどのような環境問題への対応か，次のなかから適切なものを一つ選びなさい。

　ア．地球温暖化　　　　イ．土壌汚染　　　　ウ．水質汚濁

	問1			問2	問3
7					

(⇒別冊解答 p. 3)

8 次の(1)〜(5)について，下線部が正しいときは○を記入し，誤っているときは訂正しなさい。ただし，正しいものを訂正した場合は誤答とし，すべてに○を記入した場合は５問全部を無効とする。

(1)　事故の危険に備えて，事故発生によって生じた損害を埋め合わせる事業活動を保険という。

(2)　情報を円滑にやりとりするための事業活動を広告という。

(3)　理髪・美容，観光，介護・福祉などを提供する事業活動をサービスという。

(4)　物的流通の活動のなかで，商品の切断・折り曲げ・ラベル貼りなどの作業を荷役という。

(5)　商品やサービスを欲求する側を需要というが，それに対応する語は消費である。

	(1)	(2)	(3)	(4)	(5)
8					

(⇒別冊解答 p. 3)

9　次の(1)～(5)に最も関係の深いものを解答群から選びなさい。

(1)　単一の企業が各地に同じ形態または類似した多数の店舗を出店し，中央本部で一括大量仕入や広告などを集中的におこない，費用の節減をはかる組織。

(2)　専門の開発業者(ディベロッパー)が，計画的に建設・運営する商業施設で，消費者にワンストップショッピングの利便性を提供している商業集積。

(3)　コンビニエンスストアや飲食店などで本部が加盟店を募集し，商号の使用を認め，同一のイメージのもとに事業をおこなう権利を与える対価としてロイヤリティ(権利使用料)を受け取る組織。

(4)　独立した多数の小売業者が，企業としての独立性を保ちながら共同で組織し，本部が一括仕入などをおこなって経営の効率化をはかる組織。

(5)　ブランド品などの在庫を低価格で販売する小売業者が多数集まった商業施設。

【解答群】
ア．アウトレットモール　　　イ．フランチャイズチェーン　　　ウ．ボランタリーチェーン
エ．ショッピングセンター　　　オ.レギュラーチェーン(コーポレートチェーン)

9	(1)	(2)	(3)	(4)	(5)

(⇒別冊解答p. 3)

10　次の文章を読み，問いに答えなさい。

生産財または産業用品のうち，原材料と同じように製品の一部を構成するものの自動車におけるタイヤなどのように，製造・加工することなく製品の一部を構成するものを　(1)　という。また，生産に用いられる機械装置などを　(2)　という。こうした生産財または産業用品については，B to Bで取引がおこなわれることが多い。

問１．文中の　(1)　にあてはまる語句として，最も適切なものを次のなかから一つ選びなさい。
ア．部品　　　イ．設備　　　ウ．原材料　　　エ．消耗品

問２．文中の　(2)　にあてはまる語句として，最も適切なものを次のなかから一つ選びなさい。
ア．部品　　　イ．設備　　　ウ．専門品　　　エ．消耗品

問３．下線部の説明として，次のなかから最も適切なものを一つ選びなさい。
ア．インターネットオークションなど消費者と消費者の間でおこなわれる電子商取引のことである。
イ．バーチャルショップやバーチャルモールなど企業と消費者の間でおこなわれる電子商取引のことである。
ウ．インターネットなどを利用して企業と企業が受発注をおこなう電子商取引のことである。

10	問1	問2	問3

(⇒別冊解答p. 4)

11 次の(1)～(5)のうち，条件に当てはまるものにはＡを，それ以外にはＢを記入しなさい。ただし，すべてに同一の記号を記入した場合は５問全部を無効とする。

【条件】物流の諸活動

(1) 商品を一般消費者に販売する活動

(2) 商品を一定期間にわたり安全に保存しておく活動

(3) 商品を工場から店舗や倉庫などに移送する活動

(4) 商品やサービスを生産する活動

(5) 商品の入出庫や積み替えなどをおこなう活動

	(1)	(2)	(3)	(4)	(5)
11					

(⇒別冊解答p. 4)

12 次の(1)～(5)のうち，条件に当てはまるものにはＡを，それ以外にはＢを記入しなさい。ただし，すべてに同一の記号を記入した場合は５問全部を無効とする。

【条件】普通銀行の業務

(1) 振込や口座振替などで遠隔地の資金のやりとりを仲介する業務

(2) 日本銀行券を発行し，物価の安定をはかる業務

(3) 企業や個人の資金を預かる業務

(4) 資金が不足している企業や個人に資金の貸し出しをおこなう業務

(5) 企業や個人にパソコンやコピー機を貸し出す業務

	(1)	(2)	(3)	(4)	(5)
12					

(⇒別冊解答p. 4)

13 次の(1)～(5)のうち，条件に当てはまるものにはAを，それ以外にはBを記入しなさい。ただし，すべてに同一の記号を記入した場合は5問全部を無効とする。

【条件】ビジネスに必要な資金のうち，設備資金に分類されるもの

(1) 企業が建物や備品の購入代金の支払いをするときに必要な資金

(2) 企業が，商品の仕入れや従業員の給料（賃金）の支払いをするときに必要な資金

(3) 企業が，水道光熱費や地代，家賃の支払いをするときに必要な資金

(4) 企業が，借入金の支払いや広告宣伝費の支払いをするときに必要な資金

(5) 企業が，工場や支店の建設あるいは機械装置の購入をするときに必要な資金

	(1)	(2)	(3)	(4)	(5)
13					

(⇒別冊解答 p. 4)

14 次の文章を読み，問いに答えなさい。

　輸送の方法は，陸上輸送・水上輸送・(a)航空輸送の3つに分類できる。最近は，遠距離の都市と都市との間は航空輸送で，空港から家庭までは自動車など陸上輸送による場合も増えてきている。このさい貨物の上げ下ろしや積み込みが必要になる。こうした作業を荷役という。

　この荷役を効率的におこなうために，(b)規格化されたコンテナに貨物を収納して，一定の単位にまとめることで荷役を機械化し，輸送を効率的におこなうしくみが実現している。このしくみによって，飛行機から自動車への貨物の積み替えが容易になり，生産性が大幅に向上した。

　また，冷凍機能や冷蔵機能を兼ね備えたコンテナも新規に開発され，野菜や生花の輸送を可能にしている。こうした機能は，航空輸送でしか輸送できなかった腐敗もしくは劣化しやすい商品の輸送を船舶でも可能にした。

問1．下線部(a)の特徴として，次のなかから最も適切なものを一つ選びなさい。

ア．大量の貨物を輸送できる一方で，輸送に時間がかかるのが欠点である。

イ．長距離を短時間で輸送できる一方で，貨物の種類や重さに制限がある。

ウ．戸口から戸口までの一貫輸送のサービス体制がととのい，積み替えなどの荷役も少ないが大量輸送には適さない。

問2．下線部(b)を何というか，次のなかから適切なものを一つ選びなさい。

ア．パレチゼーション　　イ．ユニットロードシステム　　ウ．ローカルエリアネットワーク

	問1	問2
14		

(⇒別冊解答 p. 4)

15　次の文章を読み，問いに答えなさい。

　　家電メーカーA社は，(a)てんぷらやフライなどの揚げ物に使った食用油を，バイオディーゼル燃料に転換し，再生して利用することにした。本来，廃棄される食用油が燃料として，トラックで使用されることで，資源の有効活用だけでなく，二酸化炭素の排出を大幅に抑えることになった。

　　また，製品や資材，部品などを運ぶ際に，排出ガス中のススや黒煙を大幅に減らすことのできる(b)ハイブリッドトラックを導入し，さまざまなグリーン活動への取り組みを行っている。

　　さらに，A社は自社製品の販売にあたっても，(c)環境に配慮した製品であることを示すマークをwebページやカタログなどに表示して，顧客へ製品の環境情報を伝えている。このような製品のなかには，水道代や電気代を削減できる食器洗い乾燥機，洗濯乾燥機などがある。

　　今後，A社のような環境に配慮した企業に賛同する顧客が増えるとともに，地球温暖化に歯止めをかける企業スタイルが一層求められてくるだろう。

問1．下線部(a)のような活動を何というか，正しい用語をカタカナ5文字で記入しなさい。

問2．下線部(b)の内容として，次のなかから最も適切なものを一つ選びなさい。
　　ア．オレンジ色に着色されているガソリンを利用して輸送している。
　　イ．エンジンと電気モーター双方の出力を利用して輸送している。
　　ウ．太陽光発電によるエネルギーを利用して輸送している。

問3．下線部(c)のマークにはどのようなものがあるか，次のなかから正しいものを一つ選びなさい。ただし，下のマークは象徴的な部分だけを示したものである。

　ア.　　　　　　　　　イ.　　　　　　　　　ウ.

15	問1				問2	問3

（⇒別冊解答 p. 4）

16 次の文章を読み，問いに答えなさい。 （第19回改題）

　消費者が求めている商品をいかに取りそろえることができるかが，小売業者にとって重要な課題である。そこで，的確な品ぞろえをするために，(a)店舗で商品を販売する時点でその詳細な情報をとらえ，記録・集計し，その結果を在庫管理や将来の販売活動に役立てる情報管理システムが普及してきた。このシステムは，店内ではキャッシュレジスターの端末機とコンピュータ（ストアコントローラー）との情報のやり取りによって動いている。

　キャッシュレジスターの端末機は，商品に付けられている下図のような　　　　　をスキャナーで読み取り，コンピュータに保存された大量の商品の価格や数量のデータと照合し，売り上げに関するデータをコンピュータに記録する。(b)このシステムによって蓄積された毎日のデータを分析することで，さまざまなことを判断することができる。現在，このシステムは多くの小売業者が活用し，欠かせないものとなっている。

4	91234 5	67890 4
国番号	生産者番号	商品番号　チェックデジット

問1．下線部(a)を何というか，次のなかから正しいものを一つ選びなさい。

　ア．POSシステム　　　　　イ．EOSシステム　　　　ウ．LANシステム

問2．文中の　　　　　に入るものは何か，正しい用語をカタカナ5文字で記入しなさい。

問3．下線部(b)の例として，次のなかから最も適切なものを一つ選びなさい。

　ア．「A商品の価格が他店より高かったので，仕入先を再検討し，A商品をより安く仕入れるべきだ」と判断することができる。

　イ．「A商品が売れる時間は午後7時頃なので，その時間帯に合わせて，A商品をより多く仕入れるべきだ」と判断することができる。

　ウ．「売場にないA商品を購入したいという顧客が多数いるので，A商品をより多く仕入れるべきだ」と判断することができる。

	問1	問2	問3
16			

（⇒別冊解答 p. 4）

17 次の文章を読み，問いに答えなさい。

　私たちの身の回りには，(a)営業形態・品ぞろえ・価格戦略などにおいてさまざまな形態をとる小売業者がいる。まず，大規模な小売業者としては，(b)百貨店がある。次に，(c)総合スーパーがある。総合スーパーは，セルフサービス制を採用し，主として食料品や衣料品などを廉価に販売する小売業者である。

　その他に現在では，一般小売店以外に，コンビニエンスストア，ディスカウントストア，ホームセンター，ドラッグストアなど，さまざまな小売業者が出現している。

問1. 下線部(a)を取扱商品による分類に対して何というか，正しい用語を漢字2文字で記入しなさい。

問2. 下線部(b)の百貨店がデパートメントストアと呼ばれる理由は何か，次のなかから最も適切なものを一つ選びなさい。
　ア．買回品・専門品を中心に扱う店
　イ．部門化された店
　ウ．100種類の商品を取り扱っている店

問3. 下線部(c)が多店舗化する方法として，次のなかから最も適切なものを一つ選びなさい。
　ア．チェーンストア(レギュラーチェーン)　　　　イ．ボランタリーチェーン
　ウ．フランチャイズチェーン

	問1		問2	問3
17				

（⇒別冊解答p. 5）

18 次の(1)〜(5)について，下線部が正しいときは○を記入し，誤っているときは訂正しなさい。ただし，正しいものを訂正した場合は誤答とし，すべてに○を記入した場合は5問全部を無効とする。
(1)　通貨は硬貨と紙幣の2つに分けられ，五十円玉や百円玉などの硬貨は政府が発行し，五千円札や一万円札などの紙幣は，中央銀行である日本銀行が発行する。
(2)　店舗(リアル店舗)で商品を比較検討し，実際の購入はインターネットでおこなうことをショールーミングという。
(3)　合同会社は，社員総会で出資者の議決権や利益配分の割合を任意で決めることができる会社である。
(4)　自動車輸送から鉄道や船舶などの輸送に切り替えて，環境負荷の軽減をはかることを共同配送という。
(5)　預金者の請求によって，ただちに引き出せる預金を要求払い預金という。

	(1)	(2)	(3)	(4)	(5)
18					

（⇒別冊解答p. 5）

19 次の(1)～(5)に最も関係の深いものを解答群から選びなさい。

(1) CIF価格　　　(2) ITFコード　　　(3) POS　　　(4) EDI　　　(5) FOB価格

【解答群】

ア．商品識別のために段ボール箱などに印字または貼付された物流用バーコード

イ．異なる企業間をコンピュータで接続し，取引情報をやりとりすること

ウ．船積み港で商品を本船に積み込むまでの費用を売り手が負担する条件の価格

エ．本船渡し価格の費用に加えて海上運賃と保険料を売り手が負担する条件の価格

オ．販売時点でその情報を記録し，在庫管理や販売促進に活用すること

19	(1)	(2)	(3)	(4)	(5)

(⇒別冊解答p. 5)

20 次の文章を読み，問いに答えなさい。

　近年，小売業者の販売競争は激化して，オーバーストア現象となっている。

　A酒店は，約30年前から酒類の小売業を営んでいる。政府の規制緩和により，最近，酒類の販売ができる小売店が増加している。例えば，コンビニエンスストア，ディスカウントストア，スーパーマーケットなどの一部の店が酒類の販売を行っている。このように新規参入した大規模小売店と，小規模な酒類小売店は価格競争しても仕入価格の面で対抗できない。そこで，A酒店は，差別化を図る必要性に迫られ，(a)全国各地の有名な日本酒を主体とする店に変更することにした。そのためには，商品アドバイザーとして各地の日本酒の特徴を勉強するとともに，(b)顧客に試飲してもらい好みや反応を把握するようにした。また，(c)ウェブを利用した広告宣伝にも力を入れることとし，ウェブデザインや情報コンテンツの作成については，それを専門に行う外部の企業に委託することにした。

問1．下線部(a)の店を何というか，次のなかから正しいものを一つ選びなさい。

　ア．最寄品店　　　イ．買回品店　　　ウ．専門店

問2．下線部(b)に該当することを何というか，次のなかから正しいものを一つ選びなさい。

　ア．製品計画　　　イ．市場調査　　　ウ．世論調査

問3．下線部(c)のようなことを何というか，正しい用語をカタカナ8文字で記入しなさい。

20	問1	問2	問3

(⇒別冊解答p. 5)

21 次の文章を読み，問いに答えなさい。

　商品が生産者から消費者に届けられる道すじのことを商品の　(1)　といい，商品の所有権が生産者から消費者に移っていく流れと，(a)商品そのものの物理的な流れがある。それに加えて，それらの働きを円滑にする情報の流れがあるが，これを情報流通（情報流）という。情報流通（情報流）の例としては，宮崎県や青森県などの観光インフォメーションセンターが東京都に設置され，(b)地域の情報を発信する役割を担い，同時に(c)来店する顧客から情報を得る役割も担い，地域の特産品の売上向上や新商品の開発に活用していくといった事例がある。

　商品の　(1)　は，商品の種類や性質，時代の変化，または社会における生産や消費の事情などに応じて，違ってくる。わが国の　(1)　は，欧米諸国と比較すると，(d)中間業者が多く介在しているため，一般に(e)複雑でしかも長いといわれている。

問1．文中の　(1)　に入る語を漢字4文字で記入しなさい。

問2．下線部(a)を何というか，次のなかから正しいものを一つ選びなさい。
　　ア．商的流通（商流）　　　イ．取引流通　　　ウ．物的流通（物流）

問3．下線部(b)および下線部(c)はマーケティングのどの活動にあたるか，次のなかから適切なものを一つ選びなさい。
　　ア．(b)市場調査・(c)商品計画
　　イ．(b)販売計画・(c)販売促進
　　ウ．(b)販売促進・(c)市場調査

問4．下線部(d)に該当するものとして，次のなかから正しいものを一つ選びなさい。
　　ア．生　産　者　　　イ．小売業者　　　ウ．卸売業者

問5．下線部(e)に該当する商品として，次のなかから最も適切なものを一つ選びなさい。
　　ア．自　転　車　　　イ．農産物・魚介類　　　ウ．電化製品

21	問1				問2	問3	問4	問5

（⇒別冊解答 p. 5）

22 次の文章を読み，問いに答えなさい。

　中央卸売市場では，需要と供給を反映した適正な価格が成立する。適正な価格の成立以外に中央卸売市場が果たす役割として最も適切なものを選びなさい。
　　ア．需要と供給を円滑・迅速に結びつけて安定した供給を可能にする。
　　イ．産地直売方式を採用して低価格の生鮮食料品の提供を可能にする。
　　ウ．消費者ニーズに応えて生きたままの魚介類の販売を可能にする。

22	

（⇒別冊解答 p. 6）

23 次の文章を読み，問いに答えなさい。

　　今日，母は夕食の準備のために[　　　　]で，(a)野菜や魚介類などを買ってきた。家族そろっ
て食事をしているときに，姉が今度の日曜日に(b)百貨店へ洋服や靴を買いに行くと話していた。
食後，父が(c)自動車のパンフレットを見ながら，みんなにどの自動車がいいか意見を聞いた。姉
はテレビで環境にやさしいと宣伝しているA社の赤いボディの自動車を欲しいと言い，私も同じ意
見だったので，父はA社の自動車を買うことに決めた。

　　その後，私は受験勉強を始めた。夜食にB社のインスタントラーメンを食べようと思ったが，買
い置きがなかったので，近くの(d)フランチャイズチェーンに加入している(e)セルフサービスで
24時間営業の店に自転車で買いに行った。

問1．文中の[　　　　]はセルフサービス方式を採用している大規模な店であるが，これを何とい
　　　うか，次のなかから最も適切なものを一つ選びなさい。
　　　ア．専門店　　　イ．ドラッグストア　　　ウ．スーパーマーケット

問2．下線部(a)の商品の一般的な流通経路として，次のなかから適切なものを一つ選びなさい。
　　　ア．生産者　→　卸売業者　→　小売業者　→　消費者
　　　イ．生産者　→　小売業者　→　消費者
　　　ウ．生産者　→　消費者

問3．下線部(b)の説明として，次のなかから適切なものを一つ選びなさい。
　　　ア．買回品を中心に最寄品から専門品にいたるまで，多種多様な商品を幅広く取りそろえた大規
　　　　　模な店である。
　　　イ．主として買回品または専門品のうち取扱商品の範囲を比較的狭くしぼり，そのなかで品ぞろ
　　　　　えを豊富にした店である。
　　　ウ．主として食料品や雑貨，衣料品などを大量販売・割引販売する大規模な店である。

問4．下線部(c)の自動車の商品分類として，次のなかから正しいものを一つ選びなさい。
　　　ア．最寄品　　　イ．買回品　　　ウ．専門品

問5．下線部(d)の説明として，次のなかから適切なものを一つ選びなさい。
　　　ア．独立した多くの業者が独立性を保ちながら組織をつくり，商品の一括共同仕入を主な目的と
　　　　　し，共通の商標使用，物流の共同化などを行う経営方式。
　　　イ．独自の商品や営業方法をもった企業が本部となり，加盟店に商品の供給や営業に関する指導
　　　　　などを行い，加盟店から一定のロイヤリティを受け取る経営方式。
　　　ウ．本部が各地に多くの店舗を設け，集中的に管理や運営する形態であり，仕入価格の引き下げ
　　　　　や経費を節減するために商品の仕入れや広告などを本部でまとめて行う経営方式。

問6．下線部(e)の店を何というか，次のなかから最も適切なものを一つ選びなさい。
　　　ア．DIY店　　　イ．ミニスーパー　　　ウ．コンビニエンスストア

	問1	問2	問3	問4	問5	問6
23						

（⇒別冊解答p. 6）

〔企業活動〕

1 次の文章を読み，問いに答えなさい。

企業は，一定の資本（資金）を用いて活動する。企業に資本（資金）を提供する人を (1) という。 (1) が企業に対して負う責任の範囲には，その出資額を限度とする有限責任と，限度の定めのない (2) とがある。 (2) の場合には，企業が倒産すると，無限に責任を追及されるというデメリットがあり，信頼しあった人びととの間でなければ行われないのがふつうである。

企業は， (1) がだれであるかによって，私企業・公企業および公私合同企業に分類される。

私企業には，個人企業と (3) 企業がある。 (3) 企業には，営利目的の会社企業と非営利目的の協同組合とがある。さらに，会社企業には，合名会社，合資会社，(a)合同会社，(b)株式会社，特例有限会社などがある。

問1．文中の (1) に入る適切な語を，次のなかから一つ選びなさい。

ア．出資者　　　イ．株　主　　　ウ．経営者

問2．文中の (2) に入る適切な語を，次のなかから一つ選びなさい。

ア．自己責任　　　イ．賠償責任　　　ウ．無限責任

問3．文中の (3) に入る適切な語を漢字2文字で記入しなさい。

問4．下線部(a)の合同会社の説明として，次のなかから正しいものを一つ選びなさい。

ア．日本版"LLC"とも呼ばれ，全構成員が有限責任であり，法人格を持ち，設立・管理が株式会社より容易という特徴がある。

イ．従前の民法に基づく組合は組合員が対外的には無限責任であったために利用の制約が大きかったが，新しい組合は有限責任のために，事業体として活動の選択肢が多くあるという特徴がある。

ウ．わが国における会社の大部分は，この形態の会社である。

問5．下線部(b)の株式会社の説明として，次のなかから正しいものを一つ選びなさい。

ア．株式会社の機関としては株主総会・取締役会・監査役会などがあり，株式会社の基本的な意思決定については取締役会がおこなう。

イ．株式会社の出資者を株主といい，株主は株主総会で意見を述べたり議決権を行使したりすることができる。

ウ．株式会社が発行する株式の総数については取締役会が決定し，調達した資金については期日に返済しなければならない。

	問1	問2	問3	問4	問5
1					

（⇒別冊解答 p. 6）

2 次の(1)〜(5)に最も関係の深いものを解答群から選びなさい。

(1) 無限責任を負う個人事業主が, 出資者と経営者を兼ねている企業

(2) 国や地方公共団体と民間の共同出資によって設立された企業

(3) 私企業の代表的な企業形態であり, 出資(資本)と経営が分離しやすい企業

(4) 国や地方公共団体によって設立された企業

(5) 有限責任社員のみで構成され, 社員の議決権などを定款で自由に決定できる企業

【解答群】

ア. 個人企業　　　イ. 合同会社　　　ウ. 株式会社　　　エ. 公企業　　　オ. 公私合同企業

2	(1)	(2)	(3)	(4)	(5)

(⇒別冊解答 p. 6)

3 次の(1)〜(5)について, 下線部が正しいときは○を記入し, 誤っているときは訂正しなさい。ただし, 正しいものを訂正した場合は誤答とし, すべてに○を記入した場合は5問全部を無効とする。

(第21回)

(1) 個人企業は, 一個人が出資して自らビジネスを行う企業であり, 出資者は有限責任を負う。

(2) 公企業は, 国や地方公共団体が出資して設立し, 公共の利益を増進することを目的とする。

(3) 株式会社の業務執行および会計処理などは, 監査役を置くことでチェックすることができる。

(4) 株式会社の最高意思決定機関は, 取締役会と呼ばれ, 事業経営の基本方針を決定する。

(5) 協同組合は, 農業者・漁業者や消費者などにより, 相互扶助を目的として設立される。

3	(1)	(2)	(3)	(4)	(5)

(⇒別冊解答 p. 7)

4 次の(1)〜(5)に最も関係の深いものを解答群から選びなさい。

(1) 法人が一事業年度に得た利益に対して課される国税

(2) 区域内に住んでいる住民や法人が都道府県や市区町村に納める税

(3) 土地や建物などの固定資産に対して課される地方税

(4) 事業をおこなう上で受けている行政サービスの対価として, 法人の利益に課される地方税

(5) 消費者が最終負担し, 事業者が納付する商品やサービスの販売に対して課される税

【解答群】

ア. 消費税　　　イ. 固定資産税　　　ウ. 事業税　　　エ. 法人税　　　オ. 住民税

4	(1)	(2)	(3)	(4)	(5)

(⇒別冊解答 p. 7)

5　次の文章を読み，問いに答えなさい。

　国際化が進み，企業経営は厳しさを増している。そのなかで従来の日本的経営とよばれた方式も変化をみせている。高度経済成長期には，賃金体系は(a)若年層には安く，高齢者には高くなる傾向があった。

　しかしその後，日本の経済成長率が鈍化し，次第に企業も新規採用を抑制するようになった。その結果(b)有効求人倍率も低下した。一方でライフスタイルの多様化も進み，正規雇用に限定されず，(c)契約社員，派遣社員，(d)パートタイマーやアルバイト，請負労働者といった多様な働き方ができるようになっている。しかし非正規雇用の雇用の不安定さや賃金の低さなどが社会的な問題にもなっている。

　不景気の時代ではあっても，(e)働くすべての人びとが，仕事と趣味や学習といった「仕事以外の生活」との調和をはかり，仕事と生活の両方をともに充実させていかなければならない。

問1．下線部(a)の賃金制度を何というか，最も適切なものを一つ選びなさい。

　ア．年功序列型賃金制度　　　イ．成果主義賃金制度　　　ウ．出来高制賃金制度

問2．下線部(b)の説明として，最も適切なものを一つ選びなさい。

　ア．全求人数に対する全求職者数の割合を示す指数

　イ．仕事を探している求職者1人に対して何件の求人があるかを示す指数

　ウ．新規学卒者に対して何件の事業所からの求人があるかを示す指数

問3．下線部(c)の説明として，最も適切なものを一つ選びなさい。

　ア．定職につかず，必要に応じて短期的な仕事をし，マイペースで生活する労働者

　イ．企業と有期の雇用契約を結んで仕事に従事する労働者

　ウ．派遣元企業と雇用契約を結び，派遣先企業に派遣され，派遣先企業の指揮を受けて働く労働者

問4．下線部(d)の説明として，最も適切なものを一つ選びなさい。

　ア．年功給が重視され，フルタイムの勤務が原則となる。

　イ．時間給または日給で働き，一定時間にわたる勤務が原則となる。

　ウ．出来高制で働き，経費は自ら負担するという勤務が原則となる。

問5．下線部(e)を何というか，最も適切なものを一つ選びなさい。

　ア．ワークシェアリング　　　イ．ワークライフバランス　　　ウ．リストラクチャリング

	問1	問2	問3	問4	問5
5					

（⇒別冊解答 p. 7）

〔取引とビジネス計算〕

1 次の(1)～(5)に最も関係の深いものを解答群から選びなさい。

(1) 1個250円の商品を4ダース仕入れた時の仕入金額

(2) 仕入原価7,200円の商品に，仕入原価の25%の利益を見込んで販売する時の予定販売価格

(3) 100ドルを日本円に換算した時の金額（ただし，「1ドル＝110円」とし，手数料は考えない）

(4) 予定売価10,000円の商品を，予定販売価格の2割引きで販売した時の実売価

(5) 10個につき2,300円の商品を40個仕入れ，仕入諸掛800円を支払った時の仕入原価

【解答群】

ア．8,000円　　　イ．9,000円　　　ウ．10,000円　　　エ．11,000円　　　オ．12,000円

	(1)	(2)	(3)	(4)	(5)
1					

（⇒別冊解答 p. 7）

2 次の(1)～(5)について，下線部が正しいときは○を記入し，誤っているときは訂正しなさい。ただし，正しいものを訂正した場合は誤答とし，すべてに○を記入した場合は5問全部を無効とする。

(1) Aスーパーマーケットは，予定売価¥3,000の商品を2割引の¥2,400で販売した。

(2) B君は，ホームセンターで1個¥270の商品（消費税を含んだ総額表示）10個を購入し，代金¥2,970を現金で支払った。

(3) C商店は，店内改装セールにさいして今月の売上目標を，前年同月の売上高¥1,000,000に対して30%増しの¥1,300,000に設定した。

(4) Dさんが外国為替相場を調べてみると，現在は1ドル＝102円20銭で前日より40銭円高となっていた。つまり前日の外国為替相場は1ドル＝102円60銭ということになる。

(5) Eさんは¥60,000をユーロ（€）に両替をしたところ，600ユーロ（€）を受け取った。ただし，€1＝¥150（手数料込み）とする。

	(1)	(2)	(3)	(4)	(5)
2					

（⇒別冊解答 p. 7）

③ 次の文章を読み，問いに答えなさい。 （第20回改題）

　代金の決済には，現金や(a)小切手，手形，振込による方法などさまざまなものがあるが，企業間の取引では仕入先への支払いに小切手を用いることが多い。その小切手は，銀行に(b)当座預金口座を開設している者が，その銀行にあてて，小切手の　①　に，振出人の当座預金から一定の金額を支払うように委託する証券である。

【事　例】
　株式会社文具ステーションの広島太郎さんは，株式会社Aから小型コピー機¥80,000を購入し，その代金を支払うために(c)下記のような小切手を振り出した。

問１．下線部(a)の小切手には，現金と比較してどのような利便性があるか，次のなかから最も適切なものを一つ選びなさい。
　　ア．小切手は，持ち運びに便利で，手元に多額の現金を置かなくてもよいし，支払いの手数が現金よりもかからないために多く利用される証券である。
　　イ．小切手を振り出すことは，銀行の信用があるということで，支払手段として誰でも喜んで受け取ってくれる証券である。
　　ウ．小切手は，約束手形のように支払約束証券であるので，支払期日を先に延ばすことができるから，その間，企業にとって資金を準備するゆとりができる証券である。
問２．下線部(b)の特徴は何か，預金の種類として，次のなかから最も適切なものを一つ選びなさい。
　　ア．おもに企業が設備資金を蓄えるためにひんぱんに利用する，有利息の預金である。
　　イ．おもに企業が運転資金用としてひんぱんに利用する，無利息の預金である。
　　ウ．おもに企業が運転資金用としてひんぱんに利用し，銀行と交渉して利息がつく預金である。
問３．本文と小切手の　①　に共通して入る用語として，次のなかから正しいものを一つ選びなさい。
　　ア．所　持　人　　　イ．持　参　人　　　ウ．受　取　人
問４．下線部(c)のような小切手を何というか，次のなかから正しいものを一つ選びなさい。
　　ア．特定線引小切手　　　イ．自己あて小切手　　　ウ．一般線引小切手

	問1	問2	問3	問4
3				

（⇒別冊解答 p. 7）

4 次の文章を読み，問いに答えなさい。 （第15回改題）

　商品代金の支払いの手段として，支払いを引き延ばしたり，資金の準備にゆとりをもたせるために，約束手形を利用することがある。約束手形は，将来の一定期日に一定金額を支払うことを約束する有価証券であり，振り出しにあたっては，銀行に(a)預金口座を開設したうえで手形取引契約を結び，約束手形用紙の交付を受けておかなければならない。

　下記の約束手形は，令和○年11月20日に，茨城商事株式会社が埼玉商事株式会社から商品50万円を仕入れ，令和○年12月20日を支払期日として振り出したものである。

　なお，(b)この約束手形は，満期日に振出人の預金残高が不足していたため，支払いが拒絶された。そこで，手形所持人は，(c)裏書人などの手形関係者に対して，手形金額の支払いを求めることにした。

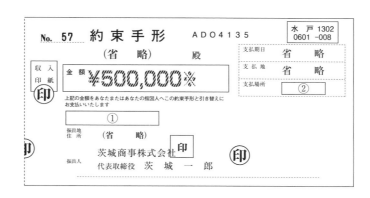

《資　料》

会　社　名	茨城商事株式会社	埼玉商事株式会社
取　引　銀　行	日立銀行水戸支店	大宮銀行浦和支店
住　　　所	茨城県水戸市山下町1−2−5	埼玉県さいたま市浦和区高砂2−3−6
代表取締役	茨城一郎	埼玉二郎

問1．下線部(a)の預金の種類として，次のなかから正しいものを一つ選びなさい。

　ア．普通預金　　　　イ．当座預金　　　　ウ．定期預金

問2．下線部(b)のようなことを何というか，次のなかから適切なものを一つ選びなさい。

　ア．手形の裏書　　　イ．手形の不渡り　　　ウ．手形の割引

問3．下線部(c)のようなことを何というか，次のなかから適切なものを一つ選びなさい。

　ア．訴　　訟　　イ．遡　　求　　ウ．請　　求

問4．上記の約束手形の　①　に入る期日を記入しなさい。

問5．上記の約束手形の　②　に入るものとして，次のなかから正しいものを一つ選びなさい。

　ア．日立銀行水戸支店　　　　イ．大宮銀行浦和支店　　　　ウ．茨城商事株式会社

4	問1	問2	問3	問4	問5
				令和○年　　　月　　　日	

（⇒別冊解答p. 8）

5 次の文章を読み，問いに答えなさい。 （第22回改題）

　企業間の取引では，代金決済の方法として小切手を用いることがある。小切手は，銀行に(a)当座預金を開設している者が，その銀行に対して，小切手を持参した人に，自分の当座預金から小切手に示された金額を支払うように委託する証券である。

【事　例】

　業務用パッケージを取り扱う株式会社石川商会は，2月の特別期間に使用する新作パッケージを販売することになった。株式会社石川商会は，かねてからの取引先であるチョコレート菓子を専門に扱っている株式会社福井商店と，手作りの洋菓子を中心に扱っている株式会社富山商店の2社に対して，商品カタログを用いて，新作パッケージの宣伝をした。本日，株式会社福井商店から注文があったため，ただちに発送した。代金として，(b)下記のような，左上に2本の平行線が引かれた小切手で受け取った。

　それぞれの企業の取引銀行は以下の通りである。

株式会社　富山商店	株式会社　ＡＡ銀行本店
株式会社　石川商会	株式会社　ＢＢ銀行本店
株式会社　福井商店	株式会社　ＣＣ銀行本店

　また，この小切手の受取人は，(c)下記の小切手の裏面に必要事項を記入した後，取引銀行に呈示して代金を受け取った。

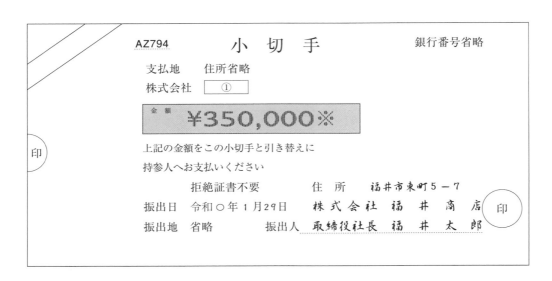

問1．下線部(a)の特徴について，次のなかから最も適切なものを一つ選びなさい。

　ア．おもに企業が運転資金としてひんぱんに利用し，銀行の手数や費用がかかるので，無利息と定められている。

　イ．自由に預け入れや引き出しができる要求払い預金であり，キャッシュカードが発行され，一定の利息が定められている。

　ウ．一定期間は原則として引き出すことができないことを条件として，一定の金額を預け入れる定期性預金であるとともに，一定の利息が定められている。

問2． 下線部(b)の利点として，次のなかから適切なものを一つ選びなさい。

　ア．この小切手を持参した人であれば，誰にでも支払われるため大変便利である。

　イ．銀行が支払人になっているため，不渡りの恐れがなく安心して使用できる。

　ウ．開設している預金口座に入金されるため，小切手の不正使用を防ぐことができる。

問3． 下線部(c)に記された内容として，次のなかから最も適切なものを一つ選びなさい。

ア.

```
富山市北町１－２
株式会社　富山商店
　　代表取締役　富山　洋一 ㊞
```

イ.

```
金沢市南町３－６
株式会社　石川商会
　　代表取締役　石川　五郎 ㊞
```

ウ.

```
福井市東町５－７
株式会社　福井商店
　　代表取締役　福井　太郎 ㊞
```

問4． 図の ① に入る銀行名として，次のなかから正しいものを一つ選びなさい。

　ア．ＡＡ銀行本店　　　　イ．ＢＢ銀行本店　　　　ウ．ＣＣ銀行本店

問5． 企業が小切手を用いることはどのような利便性があるか，次のなかから正しいものを一つ選びなさい。

　ア．紙幣の数え間違いがなくなるとともに，多額の現金を手元に置いておかなくてよい。

　イ．支払いの期限を延長することができ，資金繰りが楽になってよい。

　ウ．預金残高が不足しないか気にすることなく，現金を自由に引き出せてよい。

	問1	問2	問3	問4	問5
5					

（⇒別冊解答 p. 8）

6 次の文章を読み，問いに答えなさい。 （第21回改題）

　代金の支払用具には，現金，小切手，手形などさまざまなものがある。企業どうしの取引では，商品の仕入れ代金の支払いに(a)小切手や約束手形などを振り出すことも多い。小切手とは，小切手に示された金額をその持参人に支払うように銀行やそのほかの金融機関に委託した証券である。一方，約束手形は，振出人が受取人（名あて人）に，一定の期日に，一定の金額を支払うことを約束した証券である。このため，振り出した企業は，商品の仕入代金の支払いに約束手形を利用することで支払いを先送りすることができる。なお，(b)手形の振り出しに際しては，収入印紙をはることが必要になる場合があるので注意を払わなければならない。

【事　例】

　令和01年11月13日，株式会社愛媛商店は業務用「らくらく皮むき機」を購入し，代金の支払いに(c)下記に示された約束手形を株式会社徳島物産あてに振り出した。その後11月20日に，(d)株式会社徳島物産は，買掛金支払いのために株式会社高知製作所へさきの約束手形の裏面に必要事項を記入，押印して譲渡した。

　それぞれの企業の取引銀行は以下のとおりである。

株式会社　愛 媛 商 店	株式会社　松山銀行本店
株式会社　徳 島 物 産	株式会社　鳴門銀行本店
株式会社　高 知 製 作 所	株式会社　土佐銀行本店

問１．下線部(a)のために必要な預金は何か，漢字２文字を補って正しい用語を完成させなさい。

問２．下線部(b)の内容として，次のなかから正しいものを一つ選びなさい。

ア．印紙税法の規定によると，手形金額にかかわらず，一律200円の収入印紙をはり，消印することになっている。

イ．印紙税法の規定によると，一定の手形金額以上の場合には，一律200円の収入印紙をはり，消印することになっている。

ウ．印紙税法の規定によると，一定の手形金額以上の場合には，手形金額に応じて所定の金額の収入印紙をはり，消印することになっている。

問3．下線部(c)の場合，代金決済の方法はどのようになるか，次のなかから正しいものを一つ選びなさい。

ア．引き換え払い　　イ．前　払　い　　ウ．後　払　い

問4．下線部(d)の内容を示すものとして，次のなかから正しいものを一つ選びなさい。

ア．

表記金額を下記被裏書人またはその指図人へお支払いください
令和01年11月20日　　　　　　拒絶証書不要
住所　　省略
株式会社　愛媛商店
代表取締役　愛媛太郎　㊞
目的　　譲渡のため
被裏書人　株式会社　徳島物産　　殿

イ．

表記金額を下記被裏書人またはその指図人へお支払いください
令和01年11月20日　　　　　　拒絶証書不要
住所　　省略
株式会社　徳島物産
代表取締役　徳島花子　㊞
目的　　譲渡のため
被裏書人　株式会社　高知製作所　　殿

ウ．

表記金額を下記被裏書人またはその指図人へお支払いください
令和01年11月20日　　　　　　拒絶証書不要
住所　　省略
株式会社　高知製作所
代表取締役　高知五郎　㊞
目的　　譲渡のため
被裏書人　株式会社　徳島物産　　殿

問5．約束手形の　①　に入るものは何か，次のなかから正しいものを一つ選びなさい。

ア．株式会社　松山銀行本店

イ．株式会社　鳴門銀行本店

ウ．株式会社　土佐銀行本店

6	問1		問2	問3	問4	問5
		預金				

（⇒別冊解答 p. 8）

89

7 次の(1)～(5)のうち，条件に当てはまるものにはAを，それ以外にはBを記入しなさい。ただし，すべてに同一の記号を記入した場合は5問全部を無効とする。

【条件】 <u>売買契約にあたり買い手が作成する文書</u>

(1) 注文に先立って売買契約の条件を示し，見積もりを依頼する文書

(2) 出荷の際に届ける商品の内容明細を書いた文書

(3) 確かに注文を受けたという意味の文書

(4) 商品代金の支払いを求める文書

(5) 検収の結果，商品に異常がないことを知らせる文書

	(1)	(2)	(3)	(4)	(5)
7					

(⇒別冊解答 p. 9)

8 次の(1)～(5)の □□□ に当てはまる適切な語を記入しなさい。

　私たちが小売店から買い物をするような小売取引や，常得意の関係にある卸売取引では，注文を口頭や電話で行うことが多い。しかし，売買金額や取引数量が大きく，複雑な取り決めを必要とする卸売取引や，また，取引の相手が遠隔地にある卸売取引では，その取引が確実に実行されるように，売買契約を文書で行うのがふつうである。

　売買契約の締結から履行に際しては，各段階で一定書式の文書が用いられる。

　まず，買い手は，商品の品質，数量，受け渡しの時期・場所，代金決済方法などを示した □(1)□ を作成し，売り手に送付して見積もりを依頼する。これを受け取った売り手は，売買条件を検討して販売価格を決め，見積書を買い手に送付する。

　買い手は，この売買条件に基づいて購入の申し込みを行う。このとき，買い手が作成する文書が注文書である。売り手は，この注文を受けると，□(2)□ を作成して買い手に対して承諾の返事をする。売り手は，決められた受け渡しの時期までに商品をそろえ，出荷する。出荷の際には，商品の内容明細を書いた □(3)□ を作成して買い手に送付する。買い手は，商品が到着すると，□(3)□ や注文書控えと照合して，品違いや数量の過不足，あるいは輸送中の損傷や変質がないかなどを検査する。そして，異常がなければ商品受取書を作成して，売り手に着荷の通知をする。

　商品代金支払いの期日が近づくと，売り手は，□(4)□ を作成して代金の支払いを求める。買い手は，あらかじめ取り決められた決済方法にしたがって，期日に支払いをする。売り手は，代金を受け取ったならば，□(5)□ を作成し買い手に送る。□(5)□ は，代金受け払いの証拠書類であるから，買い手は一定期間これを保存しておかなければならない。また，売り手も，その控えをとっておく必要がある。

	(1)	(2)	(3)	(4)	(5)
8					

(⇒別冊解答 p. 9)

9　次の文章を読み，問いに答えなさい。

　　東西商事株式会社財務部に勤務するA君は，(a)6年後に取引銀行から3,000,000円を受け取るために
は，現在の年利率4％でどれだけの金額を一度に預け入れれば良いのか，計算してみることにし
た。このとき年利率4％の6年間にわたる複利現価率は0.79031453で，複利終価率は1.26531902,
複利年金現価率は5.24213686であった。

　　さらに金融機関の営業から積立預金の勧誘があった。毎年末に50,000円ずつ積み立てを6年間お
こなうという内容の年利率4％の預金であり，(b)A君はさっそく6年後の複利年金終価を計算し
てみることにした。このとき年利率4％の6年間にわたる複利現価率は0.79031453で，複利終価率
は1.26531902，複利年金終価率は6.63297546であった。

　　さらにA君は上司の指示を受けて，(c)1株につき200円の株式を1,000株購入することになった。
ただし，約定代金の0.1％の金額に800円を加算した手数料を証券会社に支払う約束である。

　　その後，A君は購入した株式について上司から，(d)「1年間の配当金が3円で，希望利回り1％
の指値で売却できるかな？」と尋ねられた。A君は，「株式市場が低迷していますので，ちょっと難
しいかもしれません」と答えた。

問1．下線部(a)の計算式として，最も適切なものを次のなかから一つ選びなさい。
　　ア．3,000,000円×0.79031453
　　イ．3,000,000円×1.26531902
　　ウ．3,000,000円×5.24213686

問2．下線部(b)の計算式として，最も適切なものを次のなかから一つ選びなさい。
　　ア．50,000円×0.79031453
　　イ．50,000円×1.26531902
　　ウ．50,000円×6.63297546

問3．下線部(c)の支払総額として，次のなかから正しいものを一つ選びなさい。
　　ア．211,000円　　　イ．210,000円　　　ウ．201,000円

問4．下線部(d)の指値の金額として，次のなかから正しいものを一つ選びなさい。
　　ア．30円　　　イ．300円　　　ウ．3,000円

	問1	問2	問3	問4
9				

（⇒別冊解答p. 9）

10　次の文章を読み，問いに答えなさい。　　　　　　　　　　　　　（第22回改題）

　小原商吉は，食材の輸入と販売を行う今井物産株式会社（以下，今井物産）に勤める新入社員である。ライバルの神友商事株式会社（以下，神友商事）に負けないよう，日々，一所懸命，営業活動をしている。ある日，関東一円にイタリア料理店「KAZAN」をチェーン展開している株式会社レストラン花山（以下，レストラン花山）が，現在使用しているオリーブオイルの見直しを考えていることをレストラン花山の仕入担当者から聞いた。

　以下は，今井物産の小原商吉とレストラン花山の仕入担当者とのやりとりである。

　１月９日：小原商吉はレストラン花山の担当者と商品についての話し合いを行った。それによると，競合するレストランチェーンとの価格競争のため，現在使用しているオリーブオイルの品質は下げずに，より低価格の商品を求めているとのことであった。また，月に１回，５リットル入りの缶を1,000缶仕入れたいとのことであった。

　　11日：小原商吉は(a)推奨するギリシャ産のオリーブオイルを持参し，レストラン花山の担当者を訪ねた。担当者に品質を確認してもらったところ，よい評価を得ることができた。

　　15日：レストラン花山から，以前持参したオリーブオイルに対する見積依頼書が届けられた。見積もりにあたり，上司は今後も継続して取引が期待できるのならば，(b)見込利益率を通常よりも下げてよいことを許可してくれた。

　　18日：小原商吉は下記の見積書をレストラン花山に届けた。

　　25日：レストラン花山から今井物産に注文書が届けられた。

　　28日：小原商吉はレストラン花山に(c)注文の確認と承諾のための書類を届けた。

問1．本文の主旨から，下線部(a)は何か，次のなかから適切なものを一つ選びなさい。

ア．同等品といい，引き渡す商品は別の銘柄であるが同程度の品質の商品である。

イ．現品といい，今回持参した商品が実際に引き渡す商品の一部である。

ウ．見本といい，実際に引き渡す商品は同じ銘柄の新たに仕入れた商品である。

問2．下線部(b)の説明として，次のなかから正しいものを一つ選びなさい。

ア．これを用いて計算された利益には，従業員の給料や広告費などの営業費は含まれていないので，計算する際にはその商品にかかった営業費を加算することを忘れてはならない。

イ．これを用いて計算された利益には，従業員の給料や広告費などの営業費を含んでいるので，売価の計算が容易にできる。

ウ．これを用いて計算された利益には，従業員の給料や広告費などの営業費のみならず値引きを考慮した金額を含んでいるので，売価が高めに設定される。

問3．見積書の内容から，この取引の運賃はどの会社が支払うか，次のなかから正しいものを一つ選びなさい。

ア．今井物産　　　　イ．神友商事　　　　ウ．レストラン花山

問4．本文の主旨から，下線部(c)は何か，漢字4文字で正しい用語を記入しなさい。

	問1	問2	問3	問4		
10						

（⇒別冊解答 p. 9）

11　北西商事株式会社は，5年後に償還される3％利付社債を100円につき95円で買い入れ，単利最終利回りは約4.2%になった。このとき単利最終利回りを計算する式として，最も適切なものを次のなかから一つ選びなさい。

ア．単利最終利回り $= \dfrac{95円 \times 3\% + 5円 \div 10年}{95円}$

イ．単利最終利回り $= \dfrac{100円 \times 3\% + 5円 \div 5年}{100円}$

ウ．単利最終利回り $= \dfrac{100円 \times 3\% + 5円 \div 5年}{95円}$

11	

（⇒別冊解答 p. 9）

12 次の文章を読み，問いに答えなさい。　　　　　　　　　　　　　　　　　　　　（第19回改題）

　売買契約の締結は口頭によっても成立するが，契約をより確実なものにするために文書による方法がとられる。

　以下は，N株式会社における売買に関する一連の取引の例である。

　令和06年12月1日：新入社員用にノートパソコンを30台購入することにしたN株式会社は，K電器株式会社やP通信株式会社など数社に下記のような条件で，価格を問い合わせる文書を発送した。

No. 32

見 積 依 頼 書

（住所略）　　　　　　　　　　　　　　　　　令和 06 年 12 月 1 日

＊＊＊株式会社　御中

（見積期限　令和06年12月10日）　　　　　　　　　　　　　（住所略）

　　　　　　　　　　　　　　　　　　　　　　　　　N 株式会社　[印会N社株式之式]

下記についてお見積もりのうえ，期限までに同封の見積書をご提出下さい。

納入期日	令和 07 年 1 月 24 日	運送方法	トラック便	支払条件	着荷後7日以内 小切手払い
納入場所	買い手事務所	運賃諸掛	売り手負担		

品　　名	数量	備　　考		
ノートパソコン（SNF3160）	30 台	基本OSとソフトウェアは別紙のとおり組み込み済みとする。今後とも宜しくお願いいたします。		
以下余白				
		係印（押印略）		

　令和06年12月9日：上記の文書に対して，各社より回答の文書が戻ってきた。

　　　12月10日：N株式会社は，各社の回答のなかで一番安い価格を提示したP通信株式会社からの購入を決定し，(a)購入の申し込みを伝える文書をP通信株式会社へ発送した。

　　　12月14日：N株式会社は，P通信株式会社から，購入の申し込みを承諾した旨の文書をFAXで受け取った。

　令和07年1月24日：P通信株式会社から商品が届いたので，(b)令和06年12月10日に発送した文書の控えや，受け取った納品書と照らし合わせて，すべての商品がそろっていることを確認し，物品受領書を発送した。

　　　1月26日：P通信株式会社から請求書が届いた。

　　　1月28日：N株式会社は，小切手を振り出してP通信株式会社に代金を支払い，領収証を受け取った。

問1．本文の主旨から，N株式会社とP通信株式会社との間で売買契約が締結されたのはいつか，次のなかから正しいものを一つ選びなさい。

　ア．令和06年12月9日　　　　イ．令和06年12月14日　　　　ウ．令和07年1月24日

問2．見積依頼書に示されている内容では，どの会社が運賃を支払うか，次のなかから正しいもの

を一つ選びなさい。

　　ア．Ｐ通信株式会社　　　　イ．Ｋ電器株式会社　　　　ウ．Ｎ株式会社

問3．下線部(a)を何というか，正しい用語を漢字3文字で記入しなさい。

問4．下線部(b)のような手続きを何というか，次のなかから適切なものを一つ選びなさい。

　　ア．出　　荷　　　イ．検　　収　　　ウ．呈　　示

	問1	問2	問3	問4
12				

（⇒別冊解答 p. 10）

13　次の文章を読み，問いに答えなさい。　　　　　　　　　　　　　　　　　（第19回改題）

　代金決済において，ネットワークを通じて，通貨を用いずに電子データでやりとりする電子決済を利用する人が多くなってきている。

　例えば，(a)手持ちの銀行や郵便局のキャッシュカードを利用して，預貯金残高の範囲内で買物の支払いができるカードがある。これは，店頭に置かれた端末にキャッシュカードを読み取らせて，ATM(現金自動預け払い機)で使う暗証番号を打ち込むことで，即時決済されるものであり，現金を多く持ち歩かずに買物ができるという利点がある。利用できる端末は全国に約21万か所あり，病院やタクシー・宅配便などの支払いにも利用されている。

　また，(b)電子マネーの普及も著しい。その一例である電子マネー「Edy(エディ)」についていえば，累計発行枚数が約1億3千万枚を突破した。最近，空港では予約した航空チケットの受け取りなどもできるようになり，今後，私たちの生活はますます便利になりそうである。

問1．下線部(a)を何というか，次のなかから正しいものを一つ選びなさい。

　　ア．プリペイドカード　　　　イ．クレジットカード　　　　ウ．デビットカード

問2．下線部(b)の説明として，次のなかから最も適切なものを一つ選びなさい。

　　ア．貨幣価値をデジタルデータ化したもので，ICカード型とネットワーク型があり，残高が少なくなっても何度でも入金(チャージ)して繰り返し利用できる。

　　イ．買物やサービスの利用の際に支払った金額に応じて貯まったポイントを貨幣価値に換算して，次の買物やいろいろなイベントに利用できる。

　　ウ．特定の地域やグループ(コミュニティ)が独自に発行したもので，モノやサービスと交換する手段として，コミュニティ内で繰り返し利用できる。

	問1	問2
13		

（⇒別冊解答 p. 10）

14 次の文章を読み，問いに答えなさい。

　日本商事株式会社は小売店も経営しており，外国商品を輸入し販売することにした。資金として500万円を準備して，A商品を(a)1ダース当たり＄4.53で，300グロスを仕入れることにした。この時点では＄1＝¥111.55であったが，輸入手続中に相場が変動して，決済時には＄1＝¥110.35になっていた。(b)取引条件では，船積み港で本船に積み込むまでの費用を売り手が負担することになっている。A商品が到着し，国内での運送費などの仕入諸掛かりとして355,000円を支払った。このA商品を仕入原価に対して4割の利益を見込んで定価をつけたが，販売促進用の目玉商品として，定価の8掛で販売することになった。販売促進中にA商品は，200グロスが販売された。残りの100グロスのA商品は，(c)Bアウトレット店に1ダース当たり550円ですべて販売することになった。

問1．下線部(a)のように慣習的な取引単位として用いられる取引数量のことを何というか，適切な語を記入しなさい。

問2．下線部(b)の説明として，次のなかから最も適切なものを一つ選びなさい。
　　ア．CIF価格　　　　イ．FOB価格　　　ウ．C&F価格

問3．A商品1個当たりの売価を求める計算式として，正しいものを選びなさい。
　　ア．（＄4.53×110.35×12×300＋¥355,000）×（1＋0.4）÷（12×300）×（1－0.2）≒
　　イ．（＄4.53×110.35×12×300＋¥355,000）×（1＋0.4）÷（12×12×300）×（1－0.2）≒
　　ウ．（＄4.53×110.35×12×300＋¥355,000）×（1＋0.4）÷（12×12×300）×（1－0.8）≒
　　エ．（＄4.53×110.35×12×300＋¥355,000）×（1＋0.4）÷（12×300）×（1－0.8）≒

問4．下線部(c)の説明として，次のなかから最も適切なものを一つ選びなさい。
　　ア．時間的・品ぞろえ的・場所的に便利な店
　　イ．耐久消費財などをいつも割引販売する店
　　ウ．有名ブランド品の在庫処分の店

問5．本文の「＄1＝¥111.55」から「＄1＝¥110.35」に外国為替相場が変動したことを何というか，適切な語を記入しなさい。

	問1	問2	問3	問4	問5
14					

（⇒別冊解答 p. 10）

15 次の文章を読み，問いに答えなさい。　　　　　　　　　　　　　　　　　　（第24回改題）

　衣料品を販売するA商店は，年末のバーゲンセールに備え，目玉商品として，(a)定価が1枚¥1,000のTシャツを2枚で¥1,200という価格で販売することにした。(b)この価格で販売しても，仕入原価の20％の見込利益は確保できる予定である。
　バーゲンの当日，このTシャツを目当てに多くの来店客があり，(c)目玉商品のTシャツを一度に8枚購入する人もいた。また，このTシャツの効果か，他の商品も順調な売り上げになった。

96

問１．下線部(a)のように価格を設定した場合，価格は定価の何割引きになるか，次のなかから正しいものを一つ選びなさい。

　　ア．４割引き　　　　イ．５割引き　　　　ウ．６割引き

問２．本文の主旨から，下線部(b)におけるＴシャツ１枚の仕入原価はいくらか，次のなかから正しいものを一つ選びなさい。

　　ア．¥450　　　　イ．¥500　　　　ウ．¥550

問３．本文の主旨から，下線部(c)の代金はいくらか，正しい金額を記入しなさい。

	問1	問2	問3
15			円

（⇒別冊解答 p. 10）

16　次の文章を読み，問いに答えなさい。

　　東西商事株式会社は，産地から野菜を仕入れて，消費者に販売する小売業者である。社内会議で経理部から報告書が提出され，(a)機械や備品などを購入するための資金として1,000万円を借り入れ，コンピュータを設置すれば，需要予測の精度が高まり売上高は1,500万円以上伸びるということが判明した。経理部のレポートには２つの案があり，それは以下のようなものだった。

設備投資案Ａ：単利で1,000万円を借りた場合，年利率２％で３年後に返済する。

設備投資案Ｂ：複利で1,000万円を借りた場合，年利率１％で２年後に返済する。

　　金融機関の融資条件は複利のほうが年利率は低いが，借入期間が短く，単利のほうは年利率は高いが，借入期間はその分長いということだった。

問１．下線部(a)のような資金を何というか，次のなかから最も適切なものを選びなさい。

　　ア．運転資金　　　　イ．設備資金　　　　ウ．短期資金

問２．設備投資案Ａの条件で金融機関から資金を借り入れた場合の利息の総額はいくらか，最も適切なものを一つ選びなさい。

　　ア．60,000円　　　　イ．612,080円　　　　ウ．600,000円

問３．設備投資案Ｂの条件で金融機関から資金を借り入れた場合，返済時の元利合計を計算する数式として，最も適切なものを一つ選びなさい。

　　ア．¥10,000,000×(1＋0.01)×２年

　　イ．¥10,000,000＋¥10,000,000×0.01×２年

　　ウ．¥10,000,000×(1＋0.01)×(1＋0.01)

	問1	問2	問3
16			

（⇒別冊解答 p. 10）

〔身近な地域のビジネス〕

1　次の文章を読み，問いに答えなさい。

　わが国では少子高齢化が進行しており，さらに都市部に若年層が集中する傾向がみられる。その結果，地域によっては過疎化が進行し，集落を構成している人口の50％以上が65歳以上の高齢者という限界集落も見られるようになった。

　こうしたなか，(a)国や地方公共団体は地域のビジネスを振興し，活性化をはかるさまざまな政策に取り組んでいる。たとえばDMOなどによる訪日外国人旅行者の誘致や(b)コミュニティビジネスなどもその一例である。

　たとえば岡山県の西粟倉村では山全体を村一括で管理し，山から切り出した木材を家具や床材に加工してインターネットで販売している。その結果，村全体が活性化するとともに(c)西粟倉村ブランドは全国に浸透した。

問1. 下線部(a)のことを総称して何というか，次のなかから最も適切なものを一つ選びなさい。
　ア．地産地消　　　イ．伝統産業　　　ウ．地方創生

問2. 下線部(b)の説明として，最も適切なものを次のなかから一つ選びなさい。
　ア．乗用車の自動運転やライドシェアなど情報通信技術を活用した最先端のビジネスのことである。
　イ．地域住民が主体となって，地域が抱える課題をビジネスの手法によって解決する事業のことをいう。
　ウ．独自の技術や製品で既存産業のすき間(ニッチ)をつくビジネスの総称である。

問3. 下線部(c)のことを何というか，次のなかから最も適切なものを一つ選びなさい。
　ア．ナショナルブランド
　イ．地域ブランド(地域ブランディング)
　ウ．プライベートブランド

	問1	問2	問3
1			

（⇒別冊解答p. 11）

2 次の文章を読み，問いに答えなさい。

　一般小売店とは，家族または少数の従業員を雇用して，一種類から数種類の商品を仕入れて販売する小規模な小売店のことである。この一般小売店が歴史的あるいは自然発生的に集まって形成された商業集積を 　　　　　 という。一時期はかなり栄えている時期もあったが，現在ではショッピングセンターやアウトレットモール，総合スーパーなどの大規模な店舗が郊外に設立された関係で，(a)多くの地域で営業をしていない一般小売店が立ち並ぶ通りが見られるようになった。全国各地域から都市部に若年層が移動する傾向があり，一般小売店の個人事業主の高齢化が進むとともに，(b)その事業承継が問題になっている。

問1．文中の 　　　　　 にあてはまる語句として最も適切なものを次のなかから一つ選びなさい。

　ア．ボランタリーチェーン　　　　イ．ドラッグストア　　　　ウ．商店街

問2．文中の下線部(a)のことを何というか，次のなかから正しいものを一つ選びなさい。

　ア．リノベーション　　　　イ．シャッター通り（商店街）　　　　ウ．買い物弱者（買い物難民）

問3．下線部(b)の説明として，最も適切なものを次のなかから一つ選びなさい。

　ア．後継者問題ともいい，事業を継ぐ人間がいないため廃業する一般小売店が増加していること。

　イ．訪日外国人旅行者を誘致することができないため，インバウンド消費も期待できず，事業の継続が困難になっていること。

　ウ．過疎化した地域では移動販売が中心となっており，駅前の一般小売店で買い物をする人が少なくなっていること。

	問1	問2	問3
2			

（⇒別冊解答p. 11）

〔ビジネスに対する心構え〕

1 次の(1)〜(5)について，下線部が正しいときは○を記入し，誤っているときは訂正しなさい。ただし，正しいものを訂正した場合は誤答とし，すべてに○を記入した場合は5問全部を無効とする。

(1) <u>間接的</u>コミュニケーションとは，人と人とが直接会って話をすることをさし，店舗における販売員による商品説明なども含まれる。

(2) 人間の脳がおこなう推論や判断などの知的な作業をおこなう人工的な知能のことを<u>AI</u>という。

(3) ビジネスの場では敬語を正しく使うことが大切であり，「見る」を「ご覧になる」と表現する語は<u>謙譲語</u>である。

(4) <u>白書</u>とは，各省庁がその専門の分野の現状や展望をまとめたもので，政府の公式の調査報告書である。その内容は，きわめて信頼性が高い。

(5) 訪問販売や通信販売など，消費者が営業所以外の場所で商品の購入をしたときに，一定の期間内であれば無条件で契約の解除ができる制度を<u>トレードオフ</u>という。

1	(1)	(2)	(3)	(4)	(5)

（⇒別冊解答 p. 11）

2 次の(1)〜(5)について，下線部が正しいときは○を記入し，誤っているときは**解答群**から正しいものを選び，記号で答えなさい。

(1) 感謝やお詫びの気持ちをこめて上体を45度ほど傾ける礼は，<u>普通礼</u>である。

(2) 人と人とが向かい合っておこなうコミュニケーションは，<u>直接的</u>コミュニケーションである。

(3) 「お客様が言う」を尊敬語で表現すると，「お客様が<u>おっしゃる</u>」となる。

(4) 情報通信技術の発達によって絶えず発生するさまざまな形式の膨大なデータのことを<u>フェイクニュース</u>という。

(5) 対価を支払えば，一定期間にわたり製品やサービスを利用できるというしくみのことを<u>サブスクリプション</u>という。

【解答群】
ア．フリーミアム　　　イ．間接的　　　ウ．申し上げる　　　エ．最敬礼
オ．ビッグデータ

2	(1)	(2)	(3)	(4)	(5)

（⇒別冊解答 p. 11）

3 次の(1)～(5)について，下線部が正しいときは○を記入し，誤っているときは訂正しなさい。ただし，正しいものを訂正した場合は誤答とし，すべてに○を記入した場合は5問全部を無効とする。

(1) 来客者を応接室に案内するさいには，おもてなしの精神を忘れずにもち，来客者には<u>下座（末席）</u>をすすめる。

(2) 語尾に「です」「ます」などをつけて，相手に敬意をあらわす敬語のことを<u>謙譲語</u>という。

(3) 名刺交換においては，立場が<u>下</u>の人が先に名刺を出すのが原則である。

(4) 名刺をうけとるさいには，「ちょうだいいたします」といって，<u>両手</u>を出して名刺入れの上で受け取る。

(5) 社内の会議や打ち合わせ，来客応対など公式な場面でのコミュニケーションのことを，<u>フォーマルコミュニケーション</u>という。

	(1)	(2)	(3)	(4)	(5)
3					

（⇒別冊解答 p. 11）

4 次の(1)〜(5)に最も関係の深いものを解答群から選びなさい。

(1) 「モノ(物)」がインターネットによって接続され，情報のやりとりによって相互に制御するしくみのこと。

(2) ことばを用いないで，身ぶりや手ぶり，表情などでコミュニケーションをとることをいう。

(3) 組織上の正式な経路を通しておこなわれるコミュニケーションのことで，上司から部下への指示などがある。

(4) 顧客のことを考えた「心からのおもてなし」「思いやり」の精神のことをいう。

(5) 廃棄物の発生抑制・再使用・再資源化を総称する略称である。

【解答群】
ア．ホスピタリティ　　　イ．３Ｒ　　　ウ．フォーマルコミュニケーション
エ．ノンバーバルコミュニケーション　　　オ．IoT

	(1)	(2)	(3)	(4)	(5)
4					

（⇒別冊解答 p. 11）

5 次の(1)～(5)について，下線部が正しいときは○を記入し，誤っているときは解答群から正しいものを選び記号で答えなさい。

(1) 職場の上司などと廊下ですれ違うさいや，部屋の入退室のさいにするお辞儀で，上体を15度に倒すものを普通礼という。

(2) 環境への負荷を軽減させる装置の開発や廃棄物の処理など地球環境問題に対応するビジネスのことを環境ビジネス(エコビジネス)という。

(3) 「誰が」「なぜ」「何を」「いつ」「どこで」「どのように」「いくつ」「どれだけの量」という8つの要件を総称したものをISO26000という。

(4) 話し手が自分にかかわる行為などについて，へりくだることで相対的に相手に対して敬意を表現する敬語は謙譲語である。

(5) 会議などで実際に会って話をしたり，ボディランゲージなどでお互いに意思のやりとりをしたりしてコミュニケーションをとることを間接的コミュニケーションという。

【解答群】
ア．直接的コミュニケーション　　　イ．尊敬語　　　ウ．5W3H　　　エ．会釈
オ．シェアリングエコノミー

	(1)	(2)	(3)	(4)	(5)
5					

(⇒別冊解答 p. 11)

6 次の文章を読み，問いに答えなさい。

　新入社員の東法さんは，上司の山本課長が取引先や顧客を招いて，会場を借りておこなう一日講習会の受付業務を担当することになった。上司からはあらかじめ，言葉づかいを丁寧にし，身だしなみを整えておくように注意を受けていた。

　当日，アポイントメントがないお客さまがあり，東法さんは，(a)「ちょっと待っててください，今聞いてきますから」といって丁寧語でお客さまに応対したうえで，上司に確認を求めた。

　さらに次に到着したお客さまから「山本課長さんに会いたい」という面談の申し込みがあったので，(b)「わかりました。山本さんを呼んできます」と落ち着いて応対し，山本課長を呼びにいった。

　山本課長を呼びにいく途中で，通路で同じ会社の社員とすれ違ったので，東法さんは(c)30度の角度でお辞儀をした。

　一日講習会が終了した後，山本課長とお客さまと東法さんでうちあわせをすることになり，(d)お客さまが名刺を取り出したので東法さんはその名刺を受け取ってから，名前の読み方を確認したうえで，自分の名刺を渡した。

　講習会が終了した後，東法さんは山本課長から厳しく注意された。

問1．下線部(a)を正しい表現にした場合，次のなかから適切なものを一つ選びなさい。

　ア．「少々お待ちください，ただいま，確認して参ります」

　イ．「少々お待ちください，ただいま，ご確認してきます」

　ウ．「少々お待ちください，ただいま，お聞きします」

問2．下線部(b)を正しい表現にした場合，次のなかから適切なものを一つ選びなさい。

　ア．「了解しました。山本様を呼んで参ります」

　イ．「かしこまりました。山本を呼んで参ります」

　ウ．「かしこまりました。山本を呼んでらっしゃいます」

問3．下線部(c)を何というか，次のなかから適切なものを一つ選びなさい。

　ア．最敬礼　　　　イ．普通礼　　　　ウ．会釈

問4．下線部(d)はどうすれば良かったのか，次のなかから適切なものを一つ選びなさい。

　ア．名刺交換の場面だが，東法さんは新人なので名刺交換をするべきではなかった。

　イ．お客さまが目上なので，東法さんは自分から一言そえて名刺を差し出すべきだった。

　ウ．名刺交換の場面では，たとえ相手の名前の読み方がわからない場合であっても，名前の読み方を確認するのは失礼にあたるので，確認することなくうちあわせを進行するべきだった。

	問1	問2	問3	問4
6				

（⇒別冊解答 p. 11）

第１回
商業経済検定試験模擬試験問題
〔ビジネス基礎〕

解答上の注意

1．この問題のページはp. 106からp. 116までです。

2．解答はすべて別紙解答用紙(p. 154〜p. 155)に記入しなさい。

3．文字または数字で記入するもの以外はすべて記号で答えなさい。

4．計算用具などの持ち込みはできません。

5．制限時間は40分です。

1　次の(1)～(5)に最も関係が深いものを解答群から選びなさい。

(1)　あらかじめ消費者がカタログなどで慎重に検討し，特定の技術や名声など価格以外の要因に魅力を感じて購入するような，自動車・楽器・貴金属などの商品。

(2)　製造業(メーカー)が製品を製造するために購入するもので，製造・加工をすることなく完成品の一部を構成する歯車・モーター・半導体などの商品。

(3)　買う前に消費者がいくつか店舗を見て回り，価格や品質・デザインなどを比較・検討してから購入するような家具・衣料品・家庭用電気製品などの商品。

(4)　企業が経営活動を遂行するうえで必要なものとして購入し，製品の一部を構成しない非耐久財で，燃料・機械油・作業着などの商品。

(5)　消費者が日常生活で，近くの商店でひんぱんに購入するような安価な商品で，日用雑貨・一般食料品・週刊誌などの商品。

【解答群】
ア．最寄品　　　　イ．買回品　　　　ウ．専門品　　　　エ．部　品　　　　オ．消耗品

2　次の(1)～(5)のうち，条件に当てはまるものには A を，それ以外には B を記入しなさい。ただし，すべてに同一の記号を記入した場合は 5 問全部を無効とする。

【条　件】計算結果がちょうど6,000円になるもの

(1)　S アウトレットがメーカー希望小売価格10,000円の衣料品を40％引きで販売した。値引額はいくらになるか。

(2)　A さんは指輪を95,000円（税別）で購入したが，支払った消費税額はいくらになるか。ただし消費税の税率は10％とする。

(3)　C さんは海外旅行から帰ってきたが，残っていた50ドルを銀行で「＄1＝￥120」の換算率で日本円に換えた。

(4)　D 電器店では電子レンジを20,000円で仕入れ，粗利益率を30％にしたが，その粗利益額はいくらになるか。

(5)　E スーパーでは，バーゲンセールとして衣料品を20％引きの4,000円で販売していた。値引き前の価格はいくらになるか。

3 次の(1)～(5)の　　　　に当てはまるものを解答群から選びなさい。

　協同組合は，出資者(組合員)のために共同の施設をつくるなどして，生産・加工・販売・購買・保管・輸送・検査・金融などの活動をおこなう。個人企業や会社企業とは異なり，営利を目的とせず，組合員の　(1)　による経済的地位の向上を目的とする点に特徴がある。このため，最高意思決定機関である　(2)　の議決権は，出資額に関係なくすべて平等である。また，組合活動から生じた利益の一部は，原則として組合を利用した程度に応じて各組合員に分配される。

　組合員は出資額を限度とする　(3)　を負い，協同組合の目的に照らして加入や脱退も原則として　(4)　である。こうした協同組合には，農家とその地域の住民を主な出資者(組合員)とする農業協同組合や消費生活向上のために消費者が地域別あるいは職場別に組織する　(5)　などがある。

【解答群】
　ア．組合員総会　　イ．自由　　ウ．相互扶助　　エ．消費生活協同組合　　オ．有限責任

4 次の(1)～(5)について，下線部が正しいときは○を記入し，誤っているときは解答群から正しいものを選び記号で答えなさい。ただし，すべてに○を記入した場合は，5問全部を無効とする。

(1) 金融機関が発行するキャッシュカードを利用する場合が多く，商品やサービスの代金を利用者の預金口座から即時に引き落とす電子決済のしくみをクレジットカードという。

(2) 正規雇用とは，一般的に正社員の雇用形態を意味し，かつては日本型雇用制度の特徴として，企業が採用した正社員は，フルタイムで勤務し，定年退職するまで正規雇用の身分が保証される終身雇用制度と年齢や勤続年数に応じて賃金が上昇する年功序列型賃金制度が一般的であった。

(3) 複利法で利息と元利合計を計算した場合，期間の終わる日(期日)における複利終価から元金(元本)を差し引いた金額を複利利息という。

(4) 商品の輸送は，その通路の違いによって，陸上輸送・水上輸送・航空輸送の3つに大別される。陸上輸送の中心的な輸送方法は，現在では，鉄道輸送である。

(5) 現在では，インターネットの利用が急速に普及している。インターネットの接続サービスをおこなうインターネットサービスプロバイダに，企業ばかりでなく個人も加入して，多くのサービスの提供を受けている。

【解答群】
　ア．成果主義型賃金　　イ．人材派遣会社　　ウ．自動車輸送　　エ．複利現価
　オ．デビットカード

5 次の文章を読み，問いに答えなさい。

　原始時代には，人びとは氏族などの集団のなかで，(a)生活に必要とする物のすべてを自分たち
の手で生産する生活を営んでいた。つまり，生産と[　　　　]とが未分化の状態であった。やがて
道具の発達などによって生産効率が向上すると，必要以上に物が生産され，他の集団との間に余剰
生産物の交換が始まるようになった。それは，物と物とを直接に交換する物々交換であった。集団
生活がくずれるとともに，交換は個人の間で行われるようになり，交換を前提にして，人びとはそ
れぞれ自分の得意とする仕事に従事するようになった。

　やがて，交換の相手を個別にさがす不便を取り除くために市が発生し，またお互いの交換しよう
とする物の種類と数量・条件などを一致させるむずかしさを解消するために，だれでもが交換に応
ずる(b)物品貨幣が用いられるようになった。そしてさらに，保存や持ち運びに便利な金属貨幣が広
く一般に用いられるようになった。

　現代社会では，生産者は主として，(c)他人に販売する目的で物を生産しており，生産された物
の大部分は，売買の対象となる。

　生産と消費との間には，今日，いろいろな隔たりがあって，多くの場合，両者が直接に結びつく
ことは少ない。その隔たりの主なものとして，生産する人と消費する人が違うという隔たりがある。
また，(d)生産する時期と消費する時期が違うという隔たり，生産する場所と消費する場所が違う
という隔たりがある。

　このような生産と消費との隔たりが適切に埋められて，はじめて物が生産者から消費者の手もと
まで円滑に流れていくことになる。

問1．文中の[　　　　]に当てはまるものを，次のなかから一つ選びなさい。
　　ア．経　　済　　　イ．消　　費　　　ウ．流　　通

問2．下線部(a)のような経済の生産方式を何というか，適切な語を漢字4文字で記入しなさい。

問3．下線部(b)の例として，次のなかから適切なものを一つ選びなさい。
　　ア．米・毛皮　　　イ．野菜・果物　　　ウ．魚・昆布

問4．下線部(c)について，他人に販売する目的で生産された財貨を何というか，次のなかから正
　　しいものを一つ選びなさい。
　　ア．生　産　物　　　イ．物　　品　　　ウ．商　　品

問5．下線部(d)の隔たりを埋めるはたらきをする業者を何と呼ぶか，次のなかから適切なものを
　　一つ選びなさい。
　　ア．売買業者　　　イ．倉庫業者　　　ウ．運送業者

6　次の文章を読み，問いに答えなさい。

　商品(製品)やサービスが顧客の　(1)　に応えて，売れるようにすることをマーケティングという。マーケティングをおこなう場合，最初に市場調査(市場分析)をおこない，標的とする市場を決めたあとに，商品(製品)・価格・流通(チャネル)・販売促進(プロモーション)の４つの観点から具体的なマーケティングの方法を決めていく。これを　(2)　という。

　こうしたマーケティングを展開するさいには，計画・実行(実施)・評価・改善を繰り返すことが重要である。

問１．文中の　(1)　に当てはまるものを，次のなかから一つ選びなさい。
　　ア．ビジネスモデル　　　イ．プロジェクト　　　ウ．ニーズ

問２．文中の　(2)　に当てはまるものを，次のなかから一つ選びなさい。
　　ア．サブスクリプション　　　イ．プロジェクトマネジメント　　　ウ．マーケティングミックス

問３．文中の下線部のことを何というか，最も適切なものを次のなかから一つ選びなさい。
　　ア．PDCAサイクル　　　イ．SCM　　　ウ．SaaS

7　次の文章を読み，問いに答えなさい。

　安価で良質な衣料品を販売しているＡ社は，商品開発に力を入れ，販売価格はできるだけ安くすることで多くの顧客の人気を集めている。最近では(a)顧客の利用金額に応じてポイントを発行し，顧客がそのポイントを蓄積して商品の購入代金にあてることができるカードを発行したり，(b)Ａ社独自のブランドを構築したりといった試みを新たに手掛けている。

問１．下線部(a)のことを何というか，次のなかから正しいものを一つ選びなさい。
　　ア．電子記録債権　　　イ．ポイントカード　　　ウ．暗号資産(仮想通貨)

問２．下線部(b)のことを何というか，次のなかから正しいものを一つ選びなさい。
　　ア．ナショナルブランド　　　イ．プライベートブランド　　　ウ．地域ブランド

8 次の文章を読み，問いに答えなさい。

　小売業にはさまざまな形態のものがあるが，かつて圧倒的な数を占めていた　(1)　が減少傾向にあり，専門店が多くなってきている。特定の種類の商品分野で豊富な品ぞろえをするのが特徴である。例えば，フランス語で小さい店という意味のある婦人服や装身具を扱うブティックや，ホビーショップなどである。

　スーパーマーケットは，近年，急速に発達した小売業の一形態で，<u>セルフサービス方式</u>を採用していることが特徴である。主として食料品や雑貨，衣料品などを扱うが，取扱商品や企業規模によって異なる名称で呼ぶ場合もある。百貨店と類似した大規模な店を　(2)　スーパー，食料品中心の比較的規模の小さい店をミニスーパーというのが，その例である。

　また，ファミリーレストランやホームセンター，100円ショップやゴルフ用品の専門店など業種の異なるさまざまな小売業者が一定の場所に集積することで，その相乗効果によって顧客吸引力が増加している例もある。これは，今までの住宅地周辺や駅前などに自然に集まってできた　(3)　と似ている。

　こうしたブティックやホビーショップ，ファミリーレストランやホームセンターといった小売業者はいずれも店舗販売をおこなっている。一方で，通信販売や訪問販売，自動販売機による販売などはいずれも店舗を持たない無店舗販売である点が特徴である。

問１．文中の　(1)　と　(3)　に当てはまる語の組み合わせとして，次のなかから正しいものを一つ選びなさい。

　ア．(1)雑貨店　　　　　　・(3)アウトレットモール

　イ．(1)一般小売店　　　　・(3)商店街

　ウ．(1)SPA（製造小売）・(3)ショッピングセンター

問２．文中の　(2)　に入るものは何か，漢字２文字で正しい用語を記入しなさい。

問３．下線部の説明として，次のなかから最も適切なものを一つ選びなさい。

　ア．売り場に店員を配置せず，顧客が自由に商品を選び，代金はレジで一括して支払う方式である。

　イ．倉庫のように飾り付けをせずに，日用雑貨品や加工食品を安価で販売する方式である。

　ウ．品ぞろえが豊富で，多種類の商品を一つの店でまとめ買いできる方式である。

9 次の文章を読み，問いに答えなさい。

コンビニエンスストアは，便利さ（コンビニエンス）を追求する小売業の業態である。住宅地の近くに立地し，最寄品を中心に品ぞろえをし，長時間営業を行っている。また，売り場を小さく規格化して商品を探しやすくしている。さらに，(a)商品を販売した時点で，販売商品名・単価・数量，販売時間帯，購入者の年代・性別などの売上・顧客情報を記録するコンピュータシステムを採用している。

このシステムの利点は，①売れ筋商品を把握し，適正な仕入れにより，売上の増加をはかることができる。また，売れ行きのよくない商品（死に筋商品）を知り，売り場のむだを防ぐことができる。②曜日別，時間帯別の売上状況を知ることにより，仕入れをスムーズに行うことができる。③販売の動向を正確に把握することによって，在庫の適正化をはかることができる。④レジの操作が簡単であり，販売員のレジ操作の教育時間が少なくすみ，入力ミスが少ないために正確な情報が得られる。さらに，利用者に顧客カードを発行して，クレジットカードなどの機能をもたせながら，顧客ごとの購買行動を把握し，顧客管理に利用できる。

こういった便利さに加え，コンビニエンスストアは，一定地域に集中して出店し，他の企業に対する優位性をはかるドミナント戦略を行っている。そのために多くのコンビニエンスストアの本部では，契約チェーンの方法，つまり(b)自己の商品に特色や，独自の営業方法を開発し，加盟店を集めて，自己の商号などを使用させることにより，同一性のイメージのもとに商品・サービスなどの供給を行い，その見返りとして加盟料や手数料などを徴収するシステムを採用している。この方法により，比較的小資本で開店することができるので，近年，多くのコンビニエンスストアが開店しており，10,000店以上の店舗を運営しているコンビニエンスストアの本部もある。

しかし，コンビニエンスストアの店舗数の増加は，オーバーストアの状態になり，競争の激化をまねいている。その結果，閉店する契約チェーンもある。また，他のコンビニエンスストアの契約チェーンに参加する店もある。

問1．下線部(a)に当てはまる用語を，次のなかから一つ選びなさい。
　ア．POSシステム　　　イ．DIY　　　ウ．EDI

問2．下線部(b)を何というか，次のなかから適切なものを一つ選びなさい。
　ア．フランチャイズチェーン
　イ．レギュラーチェーン（コーポレートチェーン）
　ウ．ボランタリーチェーン

10 次の文章を読み，問いに答えなさい。ただし，消費税は考えないものとする。

　　低価格で良質な弁当から高級弁当まで幅広く販売しているＡ弁当店は，今まで米などの原材料を東西商事から仕入れて販売してきたが，仕入ルートを変更することにした。その結果，宮城県の産地問屋からササニシキを格安で仕入れることができるようになった。その価格は(a) 1 俵(60kg)あたり24,000円という安さであった。

　　原材料の仕入価格を低減させるとともにＡ弁当店は惣菜の販売促進活動にも力を入れることにした。たとえば，「 5 」のつく日には毎月「 5 の日セール」を実施し，購入代金1,000円ごとに60円の買い物券をプレゼントすることにした。今月15日にさっそく「 5 の日セール」を実施した結果，多くの買い物客がＡ弁当店を訪れた。なかには(b)購入代金8,000円を支払い，その分の買い物券を入手した顧客もいた。

　　また，客足がおとろえる平日午後 6 時半からはタイムサービスとして，惣菜を100gにつき50円で量り売りすることにした。その結果，(c)1,500円分まとめて惣菜を購入するケースもあった。

　　さらに品ぞろえを拡充して惣菜に加えて焼きホヤなどの高級品も手がけることにした。(d)焼きホヤなど高級品を5,000円分以上購入した顧客には，支払代金が4,850円になるような割引率を設定して，優良顧客を囲い込む戦略もうちだした。また，(e)贈答用の海産物の詰め合わせとササニシキのセット商品を企画し，単純合計の定価が11,700円の贈答用セットを8,190円の贈答品特別価格として販売した。

問 1 ．下線部(a)を何というか，次のなかから正しいものを一つ選びなさい。
　　ア．小売値　　イ．卸値　　ウ．建値

問 2 ．本文の趣旨から下線部(b)で受け取った買い物券の合計金額はいくらになるか，正しい金額を記入しなさい。

問 3 ．本文の趣旨から下線部(c)に記された海産物はあわせて何 g になるか，正しい数字を記入しなさい。

問 4 ．下線部(d)について，この割引率は何％になるか，次のなかから正しいものを選びなさい。
　　ア． 3 ％　　イ． 8 ％　　ウ．10％

問 5 ．下線部(e)のように価格を設定した場合，販売価格は定価の何割引きか，次のなかから正しいものを一つ選びなさい。
　　ア． 3 割引き　　イ． 4 割引き　　ウ． 5 割引き

11 次の文章を読み，問いに答えなさい。

　　一般に，各種の産業は，大きく三つに分類されている。農業，林業，漁業は第一次産業に属し，鉱業・採石業・砂利採取業，建設業，製造業は第二次産業に属し，これ以外の産業は第三次産業に属する。情報通信業，運輸業・郵便業，卸売・　(1)　業，金融・保険業，サービス業などは第三次産業に属している。

　　経済の成長・発展につれて，わが国の産業構造は大きく変化してきた。産業別の就業者の割合でみると，1960(昭和35)年では第三次産業に従事する人は全体の41.8％だったが，現在では第三次産業に従事する人の割合は全体の70％を超えている。また，第三次産業の国内総生産も全体の70％を

超えている。

　このように第一次産業から第二次産業，第二次産業から第三次産業へ国民経済の中心が移動していくことを産業構造の高度化といい，第三次産業の就業人口や国内総生産に占める割合が増えることを　　(2)　　経済化という。

問１．文中の　　(1)　　に当てはまるものを何というか，適切な語を漢字２文字で記入しなさい。

問２．文中の　　(2)　　に入るものは何か，正しい用語をカタカナ４文字で記入しなさい。

12　次の文章を読み，問いに答えなさい。

　現在，わが国において支払手段として流通している現金には，日本銀行発行の日本銀行券と政府発行の貨幣がある。これらの貨幣を一般に通貨と呼んでいる。

　日本銀行券は紙幣で，すべての支払いに対して強制的な通用力をもつ貨幣である。これに対して政府発行の貨幣は硬貨で，その法定通用限度は，１回につきそれぞれの額面金額の20倍までの金額となっている。例えば，10,001円以上の買い物をした消費者が，すべて500円硬貨だけで支払いをしようとすれば，売り手は受け取りを拒否することができる。

　売買代金の決済には，現実には，現金だけでなく，小切手や手形，クレジットカードなどが広く利用されている。個人の場合にも，クレジットカードを利用して，商品を買ったり，飲食や宿泊などのサービスを受けることが多くなっている。

　このほか，コンビニエンスストアや交通機関などで利用されている(a)プリペイドカードやスマートフォンを利用した(b)コード決済，(c)電子マネーなどを利用する方法がある。

問１．下線部(a)のプリペイドカードの説明として，次のなかから最も適切なものを一つ選びなさい。
　　ア．後払い・記名式のカードである。
　　イ．前払い・記名式のカードである。
　　ウ．後払い・無記名式のカードである。
　　エ．前払い・無記名式のカードである。

問２．下線部(b)のコード決済の説明として，次のなかから最も適切なものを一つ選びなさい。
　　ア．クレジットカードを用いた即時決済の方法である。
　　イ．ATMなどを利用して小売業者の預金口座に代金を送金する方法である。
　　ウ．QRコードやバーコードをスマートフォンなどで読み取って決済する方法である。

問３．下線部(c)の電子マネーの説明として，次のなかから最も適切なものを一つ選びなさい。
　　ア．商品が宅配便などで自宅に配送された際に，商品と引き換えに代金を支払う方法である。
　　イ．ICカードやスマートフォンに一定の金額をデータ入力（チャージ）して，その電子データで代金決済をおこなう方法である。
　　ウ．通常の通信販売の代金支払いに利用されるように，相手の指定する銀行や郵便局の口座に代金を振り込む方法である。

13 次の一連の文章〔I〕・〔II〕を読み，それぞれの問いに答えなさい。

〔I〕東西商事株式会社は，東京を中心に衣料品店をレギュラーチェーン(コーポレートチェーン)の形態で10店舗展開している会社である。

東西商事株式会社は新たな店舗を開設するにあたり，店舗に設置するディスプレイスタンドの購入を考え，購入する販売店をどこにするか検討することにした。その結果，以前から取引している3社の販売店のなかから1社を選定することにした。

以下は，東西商事株式会社がディスプレイスタンドを購入する販売店を選定し，売買契約の締結をするまでの事例を示したものである。

令和○年1月7日 東西商事株式会社は，ディスプレイスタンドを購入するにあたり，アクリルをはめこみ，木材も耐久性と耐腐性に優れたものを選定し，さらに10年間の品質保証を含めたものを条件とすることにした。そこで(a)商品の内容と取引条件を示し，価格を問い合わせる書類を作成して，株式会社深谷物産，株式会社大宮家具店，株式会社浦和商事の3社に送付した。

1月10日 それぞれの会社から商品の価格に対する回答の書類が届いた。東西商事株式会社は提示された書類を検討した結果，株式会社浦和商事から商品を購入することにしたので，以下の書類を作成し送付した。

No. 6

注 文 書

令和○年1月10日

株式会社浦和商事 御中

東西商事株式会社
TEL 03-0000-0000
FAX 03-0000-0000
〔東西商事株式会社之印〕

下記のとおりご注文申し上げます。

No.	商 品 名	数 量	単 価	金額（税込）
1	木製ディスプレイスタンド XX-2 型	10	66,000	660,000
2	特別仕様アクリル CDS12	10	44,000	440,000
3	10 年間品質保証	10	22,000	220,000
	以下余白			
	合 計		132,000	1,320,000

納入期日	令和○年1月31日
運賃諸掛	売主負担
支払条件	設置後10日以内　小切手払い

担当 **新宿 太郎** 〔新宿〕

1月25日 東西商事株式会社は，(b)注文請書を受け取った。

問1　下線部(a)の書類を何というか，漢字で正しい用語を記入しなさい。

問2　注文書の内容から，東西商事株式会社が提示した内容について，次のなかから正しいものを一つ選びなさい。

　ア．運送にかかる費用は東西商事株式会社が負担し，代金は商品の設置後10日以内に支払う。

　イ．運送にかかる費用は株式会社浦和商事が負担し，代金は令和〇年1月31日に支払う。

　ウ．運送にかかる費用は株式会社浦和商事が負担し，代金は商品の設置後10日以内に支払う。

問3　下線部(b)の説明として，次のなかから適切なものを一つ選びなさい。

　ア．注文を確認し承諾したことを伝える書類で，買い手が受け取って保管する。

　イ．注文を受けた商品の在庫を示す書類で，買い手が受け取って保管する。

　ウ．注文を受けた商品の代金を請求する書類で，買い手が受け取って保管する。

文章〔Ⅱ〕とそれに関する問いは，次のページにあります。

〔Ⅱ〕東西商事株式会社は新しい店舗を開設するにあたり，店舗に設置するディスプレイスタンドの購入を販売店1社に選定し，令和○年1月に売買契約の締結をすでに済ませている。以下は，東西商事株式会社に注文したディスプレイが設置され，代金を支払うまでの経過を示したものである。

令和○年1月31日　木製ディスプレイが搬入され，新店舗に設置された。東西商事株式会社は商品の性質や数などを確認したうえで，物品受領書に記名・押印のうえ株式会社浦和商事に渡した。

2月10日　東西商事株式会社は，支払条件の通りに，小切手と小切手の控えに必要事項を記入し，(c)商品代金の支払いとして以下の小切手を振り出した。

2月11日　株式会社浦和商事に振り出した小切手が取引銀行で処理され，東西商事株式会社の当座預金口座から商品代金が引き落とされた。

問4　下線部(c)の利点は何か，次のなかから適切なものを一つ選びなさい。

ア．紙幣の数え間違いを防止するとともに，多額の現金を手元においておかなくてよい。

イ．支払いの期限を延長することが可能になり，その間に資金を調達できる。

ウ．残高不足を気にすることなく，現金を自由に引き出せる点が良い。

問5　本文の趣旨から，小切手の　①　と　②　に入る組み合わせとして，次のなかから正しいものを一つ選びなさい。

ア．①株式会社浦和商事・②振出人

イ．①株式会社浦和商事・②持参人

ウ．①東西商事株式会社・②持参人

第２回
商業経済検定試験模擬試験問題
〔ビジネス基礎〕

解答上の注意

1．この問題のページはp. 118からp. 128までです。

2．解答はすべて別紙解答用紙(p. 156〜p. 157)に記入しなさい。

3．文字または数字で記入するもの以外はすべて記号で答えなさい。

4．計算用具などの持ち込みはできません。

5．制限時間は40分です。

1 次の(1)～(5)に最も関係の深いものを解答群から選びなさい。

(1) 社員の全員が無限責任を負い，原則として社員全員の合議で経営をおこなう事業組織

(2) 公と民間の共同出資によって設立された事業組織

(3) 出資者の議決権が1株1票で，出資と経営の分離がしやすい事業組織

(4) 国または地方公共団体の出資によって設立された事業組織

(5) 有限責任社員のみで構成され，株式会社よりも簡素なしくみの事業組織

【解答群】

ア．合名会社　　　イ．合同会社　　　ウ．株式会社　　　エ．公企業　　　オ．公私合同企業

2 次の(1)～(5)のうち，条件に当てはまるものにはAを，それ以外にはBを記入しなさい。ただし，すべてに同一の記号を記入した場合は5問全部を無効とする。

【条件】物流の諸活動

(1) インターネットに接続するサービスを提供する活動

(2) 生鮮食品を低温倉庫で必要な期間保存する活動

(3) 製造業者の工場から物流センターに商品を移送する活動

(4) 農場で有機野菜を栽培する活動

(5) 物流センターで商品の入出庫や積み替えなどをする活動

3 次の(1)～(5)について，下線部が正しい場合には○を記入し，誤っている場合は解答群から正しいものを選び記号で答えなさい。ただし，すべてに○を記入した場合は5問全部を無効とする。

(1) 日数が何日間あるかを両端入れで計算すると，令和○3年2月21日から令和○3年2月29日までは，9日となる。

(2) 配当金が1株につき年3円で希望利回りが1.0%の場合の指値は，30円になる。

(3) 法人が所有する土地や建物，機械装置などに課税される税金を法人税という。

(4) 標準化されたパレット上やコンテナを用いて商品をひとまとめにすることで荷役を機械化し，効率的に輸送できるしくみをユニットロードシステムという。

(5) 一定の品質が社会的に認められたことを示す産地名や品種名などの通り名のことを，銘柄という。

【解答群】

ア．POSシステム　　　イ．8日　　　ウ．固定資産税　　　エ．品質証明書　　　オ．300円

4 次の(1)～(5)の □ に当てはまるものを解答群から選びなさい。

私たちの日常生活では，生産する場所と消費する場所や，生産する時期と消費する時期が異なる商品でも手に入れることができる。それは，生産者と消費者との間のさまざまな隔たりを適切に埋めるために働く物流の機能によるものである。

例えば，生産する場所と消費する場所が異なっている場合， (1) は，地方で生産された農産物や飼育された畜産物を都市で消費するために移送を行うことで，場所的隔たりを解消している。また，生産する時期と消費する時期が異なっている場合， (2) は，商品を必要な時期まで安全にしまっておくことで，時間的隔たりを解消している。

さらに，物流を構成している活動には，商品の破損・変質・減量などを防ぐための保護材をほどこし，商品を一定単位にまとめる (3) ，さまざまな種類の機械を利用した，商品の (1) の前後における積み込みや取りおろし， (1) の途中における積み替え，商品の (2) の前後における入・出庫や (2) 中の積み替え・取り出し・仕分けなどの荷扱い作業である (4) ，商品の切断・組み立て・ラベルはりなど簡単な加工作業を行う (5) がある。

これらの働きによって，私たちは，一層充実したより豊かな経済生活を送ることができる。

【解答群】
ア．荷役　　　イ．包装(梱包)　　　ウ．輸送(運送)　　　エ．流通加工　　　オ．保管

5 次の(1)～(5)について，下線部が正しいときは○を記入し，誤っているときは解答群からただしいものを選び記号で答えなさい。ただし，すべてに○を記入した場合は5問全部を無効とする。

(1) 自然人や法人が納付すべき税額を自分で計算し，それを申告して税額を確定する方式を<u>賦課課税方式</u>という。

(2) 使用済みの商品や部品などを繰り返し使用することを<u>リユース</u>という。

(3) 証券会社の業務のうち，有価証券の売買業務には，証券会社がみずからの判断で有価証券を売買する自己売買業務(ディーリング業務)と，投資家の委託を受けて有価証券の売買をおこなう委託売買業務(ブローカー業務)がある。自己売買業務(ディーリング業務)では有価証券売却益や利息・配当金が得られ，委託売買業務(ブローカー業務)では<u>売買(委託)手数料</u>を得ることができる。

(4) ある期間の日数が何日あるかを計算する方法の一つで，期間の始まる初日か期間の終わる満期日のどちらか1日を日数として算入しない計算方法を<u>両端落とし</u>という。

(5) 売買取引が成立した1株あたりの金額を株式数に掛けた金額を<u>約定代金</u>という。

【解答群】
ア．経過利息(経過利子)　　　イ．約定値段　　　ウ．申告納税方式　　　エ．リデュース
オ．片落とし

6　次の文章を読み，問いに答えなさい。

　市場に多数の売り手と買い手が存在している場合，商品やサービスの価格は，(a)消費者が買い
たいと思う欲求の量と(b)生産者が売りたいと思う欲求の量の関係で決まる。もし消費者が買いた
いと思う欲求の量のほうが，生産者が売りたいと思う欲求の量よりも多ければ価格は上がり，その
逆の場合には価格は下がることになる。

　この関係を図にすると次のようになる。

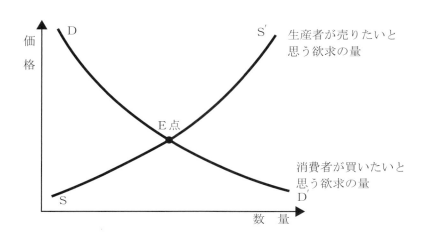

　最終的に価格は上下に変動しながら結果として，(c)消費者が買いたいと思う欲求の量と生産者
が売りたいと思う欲求の量を調整し，一致させる。これを価格の自動調節機能という。

問１．下線部(a)と下線部(b)があらわす語の組み合わせとして，次のなかから正しいものを一つ
　　　選びなさい。
　　ア．(a)供給量・(b)需要量
　　イ．(a)需要量・(b)資本量
　　ウ．(a)需要量・(b)供給量

問２．下線部(c)のように消費者が買いたいと思う欲求の量と生産者が売りたいと思う欲求の量が
　　　Ｅ点で一致することを何というか，漢字２文字で記入しなさい。

7 次の文章を読み，問いに答えなさい。

　新しい発明や以前に試みられることのなかったことに挑戦することによって，新しいビジネスを創造する人がいる。新しいビジネスを起こすことは，失敗する危険性を伴うが，それでもなお新しいビジネスを実現させようとする強い意思をもって実行する勇気や情熱がいる。これを　(1)　精神という。それと同時に，ビジネスの目的を達成するための活動方針や基本的な考えなどを，具体的に表現するものが必要である。これを　(2)　という。自分たちの企業は何のためにあるのか，そして，どんな目的でどのようなやり方で経営していけばいいのかといった，根本的な考え方をあらわすものである。それは経営者の信条ないし行動基準ともいえる。企業経営の健全な発展を望むならば，まずこれを明らかにする必要がある。例えば，①社員や顧客を中心とした経営，②地球環境を考えた経営，③革新や進歩を目指した経営，④地域社会に根ざした経営などである。

問1．文中の　(1)　に当てはまるものを，次のなかから一つ選びなさい。
　　ア．愛　　社　　　イ．パートナー　　　ウ．起業家

問2．文中の　(2)　に当てはまる適切な語を漢字4文字で記入しなさい。

8 次の文章を読み，問いに答えなさい。

　家庭用電器製品を例に，生産から流通，そして消費に至るビジネス活動を見てみよう。
　まず，家庭用電器製品を生産するビジネスがある。次に，生産された家庭用電器製品を消費者まで届けるビジネスがある。これには，いろいろな売買業者が関係している。他の売買業者に販売するビジネスは生産者系列の　(1)　会社や一般の卸売業者が担当し，消費者に販売するビジネスは専門店，一般小売店やスーパーマーケットなどの　(2)　業者が担当している。
　それらのビジネスを，より円滑にする役割を果たしているビジネスに，資金を融通することを担当する　(3)　業者，ものの運送を担当する(a)運送業者，ものの保管を担当する(b)倉庫業者，事故などによって発生した損害をてん補することを担当する(c)保険業者，情報の発信や収集を担当する(d)情報通信業者などがある。

問1．文中の　(1)　に当てはまるものを，次のなかから一つ選びなさい。
　　ア．生　　産　　　イ．総　　合　　　ウ．販　　売

問2．文中の　(2)　に当てはまる語を，卸売業者に対して何というか，適切な語を漢字2文字で記入しなさい。

問3．文中の　(3)　は，お金を必要とする企業に対して資金を融通するビジネスであるが，これを何というか，適切な語を漢字2文字で記入しなさい。

問4．トランクルームの経営を行っている業者として，下線部(a)～(d)のなかから適切なものを一つ選びなさい。

9 次の文章を読み，問いに答えなさい。

わたしたちの日常生活には，偶然に発生する予測できない危険があり，思いがけない事故や災害によって，企業の経済活動や個人の日常生活のうえで支障を生じることも少なくない。

保険は，同じ種類の危険にさらされている多数の個人や企業があらかじめ一定の資金を出しあって共同の準備財産をつくり，だれかに不慮の事故がおこった場合には，この共同財産から損失の補償として，　(1)　を給付するなどして経済的に救済するという，相互扶助の制度を利用したビジネスである。保険制度を利用することによって，個人や企業は安心して経済生活をおくられるようになる。

保険には，広く公共の立場から，一定の政策的見地に基づき国などが行う政策保険と，だれでも任意に加入できる普通保険がある。

政策保険には，社会保険と経済政策保険がある。社会保険は社会政策上のねらいをもって行われるが，該当者は加入を強制され，保険料は加入者の所得に応じて徴収されるのが特徴である。例えば，各種の職場の従業員を対象とした労働者災害補償保険(労災保険)・健康保険・厚生年金保険・雇用保険や，一般国民を対象とした国民健康保険・国民年金などがある。経済政策保険は特定の産業や経済活動を助成する目的で行われ，輸出保険・中小企業信用保険・農業保険などがある。

普通保険は，希望によってだれでも任意に加入できる一般の保険で，対象とする危険の種類によって，生命保険と　(2)　保険があり，それぞれを生命保険業者と　(2)　保険業者が担当している。

生命保険は，人の生死に関して，経済上の不安を取り除くことを目的とした保険である。人が死亡した場合の損害は，金額に見積もることができないから，補償金はあらかじめ契約した一定額が支払われるしくみになっている。また，　(2)　保険は，主として各種の財産上に生じる，偶然の事故による損害を補償することを目的とした保険である。　(3)　が発生した場合，原則としてその損害額の範囲内で財産を補償することを目的としている。

問１．文中の　(1)　に当てはまるものを，次のなかから一つ選びなさい。
ア．保険金額　　　イ．保険料　　　ウ．保険金

問２．文中の　(2)　に共通して入る適切な用語を漢字２文字で記入しなさい。

問３．文中の　(3)　に当てはまるものを，次のなかから一つ選びなさい。
ア．保険金額　　　イ．保険価額　　　ウ．保険事故

10 次の文章を読み，問いに答えなさい。

普通銀行は，銀行法に基づいて設立された金融機関で，企業や家計などから広く資金を預かる預金業務，短期金融を中心とする貸出業務，送金や口座振込などを引き受ける　(1)　業務を主要な業務として営んでいる。また，このほか取引先の便宜をはかって，各種の付随業務も行っている。

銀行預金には，要求払い預金と定期性預金がある。要求払い預金には，商工業者などが通常の運転資金をひんぱんに出し入れするのに利用している無利息の預金や，個人の預金として広く一般に利用されているもので，預金の出し入れには普通預金通帳やキャッシュカードが使われる普通預金などがある。また，定期性預金は，預入期間があらかじめ定められているため，銀行が満期まで安心して資金の運用ができるもので，比較的高率の利息が支払われる。

貸出業務は，手形割引と貸し付けに大別される。手形割引とは，銀行が，商工業者などが持っている約束手形や為替手形を裏書譲渡などの方法により，満期前に買い取るかたちで資金を融通する方法である。貸し付けには，借り手に銀行あての約束手形を振り出させて，貸し付けの日から満期までの利息を差し引いた金額を融資する手形貸付，借り手から借用証書をとって融資する証書貸付，および　(2)　がある。

手形割引の場合，借り手は約束手形や為替手形を満期日前に銀行に持ち込み，現金化してもらう。このとき銀行は，手形の割引日から支払期日までの利息相当分を割引日数にもとづいて計算し，手形金額から差し引く。つまり借り手は手形金額から利息相当分を差し引いた金額を受け取ることになる。

問1．文中の　(1)　に当てはまる適切な語を漢字2文字で記入しなさい。

問2．文中の　(2)　は，銀行が当座預金の預金者に対してあらかじめ契約することで，一定の限度額まで当座預金の残高を超えて支払いに応じる貸付方法であるが，これを何というか，適切な語を漢字4文字で記入しなさい。

問3．文中の下線部のことを何というか，次のなかから正しいものを一つ選びなさい。
ア．手取金　　イ．割引料　　ウ．積立金

11 次の文章を読み，問いに答えなさい。

　企業は，一定の資本(資金)を用いて活動する。その資本(資金)の拠出者である出資者は，企業がビジネス活動によってあげた利益の分配を受ける。一方，企業が損失をこうむれば，これを負担する義務を負う。出資者が企業に対して負う責任の範囲には，(a)有限責任と無限責任がある。

　企業のなかでは，民間の個人や団体が出資して設立された私企業がもっとも数が多い。私企業は個人事業主が経営する個人企業と共同企業に分類され，共同企業はその目的・組織・運営方法などの違いによって，合名会社・□□□□□□・合同会社・(b)株式会社などの会社企業と協同組合に分類される。

問１．下線部(a)の有限責任の説明として，次のなかから正しいものを一つ選びなさい。
　ア．企業が所有する財産以上の負債を負い，これを返済しきれないで解散する場合に，一般の出資者はその出資額を限度とするが，経営者には追加支払いの義務が生じる。
　イ．企業が所有する財産以上の負債を負い，これを返済しきれないで解散する場合に，出資者全員が，それぞれの出資額に応じて，追加支払いの義務が生じる。
　ウ．企業が所有する財産以上の負債を負い，これを返済しきれないで解散する場合に，その出資額を限度とする責任である。

問２．下線部(b)の大規模な株式会社では，株主でない専門経営者と呼ばれる人びとが取締役に就任する傾向が強い。このように株主と経営者が分離することを何というか，次のなかから正しいものを一つ選びなさい。
　ア．出資者と取締役の分離
　イ．出資(所有)と経営の分離
　ウ．株主と経営者の分解

問３．文中の□□□□□□は，１人以上の無限責任社員と有限責任社員によって設立され，原則として無限責任社員が会社経営にあたる会社である。これを何というか，適切な語を漢字４文字で記入しなさい。

12　次の文章を読み，問いに答えなさい。

　　高校生のAさんは，卒業式が終了すると，家族でロスアンゼルスに観光に行く予定である。Aさんは観光に備えて，ロスアンゼルスの名所についていろいろと調査するとともに，免税店で何を買おうかと思案をめぐらしていた。

　　しかし，学校でその話をしていると，同級生から「今は(a)外国為替相場の状況が買い物には向いていないかもしれない」と言われてしまった。

　　気になったAさんは，新聞の経済面を詳しく読んでみると，現在(b)1ドル＝120円60銭で前日より70銭円安と報道されていた。

　　円安になるとドルに対して円の価値が下がり，Aさんが買い物をするときには不利になることがだんだんわかってきた。

問1．下線部(a)の説明として，次のなかから適切なものを一つ選びなさい。
　　ア．円をドルに交換するときに金融機関に支払う手数料のこと
　　イ．ある国の通貨を，他の国の通貨に交換する場合の1単位あたりの比率のこと
　　ウ．ニューヨークに設置されている通貨のせり市場のこと

問2．下線部(b)から，前日の1ドルに対する円はいくらであったか，次のなかから正しいものを一つ選びなさい。
　　ア．1ドル＝119円90銭
　　イ．1ドル＝121円30銭
　　ウ．1ドル＝120円10銭

13　次の一連の文章〔Ⅰ〕・〔Ⅱ〕を読み，それぞれの問いに答えなさい。

〔Ⅰ〕東海商事株式会社は，商品企画部の作業用に３Ｄプリンタを購入することにした。そのさい，Ａメーカーの商品を取り扱っている株式会社池袋電器とＢメーカーの商品を取り扱っている近畿産業株式会社の２社に，それぞれ価格と仕様の異なる２種類の３Ｄプリンタについて，見積依頼書を送付して回答を求めた。

その後，２社から見積書が届き，東海商事株式会社は近畿産業株式会社から３Ｄプリンタを仕入れることにした。以下は，近畿産業株式会社から届いた見積書である。

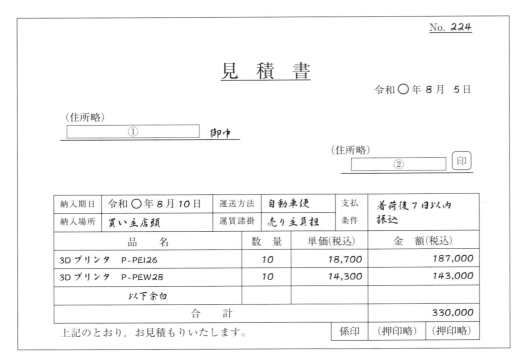

その後，注文書と注文請書のやりとりを経て，近畿産業株式会社のトラックで３Ｄプリンタが届けられ，注文した商品であるかどうかなどを書類と照らし合わせて確認した。間違いがなかったので，東海商事株式会社は受け取りの証拠となる書類を作成して，近畿産業株式会社の担当者に手渡した。

問１．見積書の　①　と　②　に入る組み合わせとして，次のなかから正しいものを一つ選びなさい。

ア．①東海商事株式会社・②株式会社池袋電器

イ．①近畿産業株式会社・②東海商事株式会社

ウ．①東海商事株式会社・②近畿産業株式会社

問２．下線部を何というか，次のなかから適切なものを一つ選びなさい。

ア．領収証（領収書）　　イ．物品受取書　　ウ．納品書

文章〔Ⅱ〕とそれに関する問いは，次のページにあります。

〔Ⅱ〕東海商事株式会社は，近畿産業株式会社から商品を仕入れ，代金は令和○年8月17日に，(a)小切手￥130,000と，下図の3か月後払いの約束手形￥200,000を振り出して支払った。

約束手形を受け取った近畿産業株式会社は，令和○年9月17日に，この約束手形に裏書きし，取引銀行へ持参して買い取ってもらった。

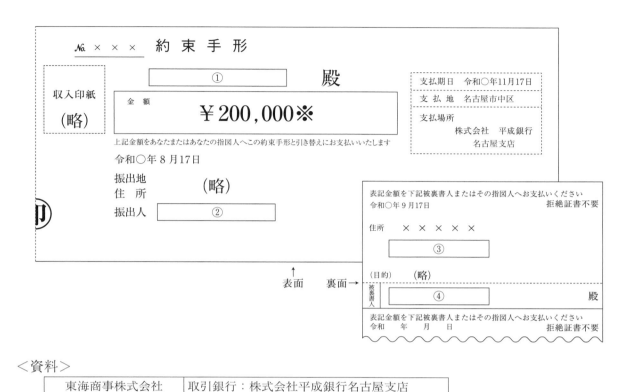

<資料>

| 東海商事株式会社 | 取引銀行：株式会社平成銀行名古屋支店 |
| 近畿産業株式会社 | 取引銀行：株式会社令和銀行神戸支店 |

問3．手形表面の ① , ② に記入する会社名の組み合わせとして，次のなかから正しいものを一つ選びなさい。

ア．①近畿産業株式会社・②東海商事株式会社

イ．①東海商事株式会社・②近畿産業株式会社

ウ．①近畿産業株式会社・②株式会社平成銀行名古屋支店

問4．手形裏面の ③ , ④ に記入する会社名の組み合わせとして，次のなかから正しいものを一つ選びなさい。

ア．③近畿産業株式会社・④株式会社平成銀行名古屋支店

イ．③東海商事株式会社・④株式会社平成銀行名古屋支店

ウ．③近畿産業株式会社・④株式会社令和銀行神戸支店

問5．下線部(a)の小切手を線引きにする場合にだれができるか，次のなかから正しいものを一つ選びなさい。

 ア．振出人だけ イ．振出人・受取人 ウ．受取人だけ

問6．下線部(a)の小切手の支払呈示期間はいつまでか，次のなかから正しいものを一つ選びなさい。

 ア．原則として振出日の翌日から2日以内

 イ．原則として振出日の翌日から10日以内

 ウ．いつでもよい

第3回
商業経済検定試験模擬試験問題
〔ビジネス基礎〕

解答上の注意

1．この問題のページはp. 130からp. 140までです。

2．解答はすべて別紙解答用紙(p. 158〜p. 159)に記入しなさい。

3．文字または数字で記入するもの以外はすべて記号で答えなさい。

4．計算用具などの持ち込みはできません。

5．制限時間は40分です。

1 次の(1)～(5)に最も関係の深いものを解答群から選びなさい。

(1) 日曜大工用品や住宅関連の商品を中心に取り扱い，家庭用品や園芸用品，日用雑貨などを品ぞろえしている比較的大規模な小売業者。

(2) 鮮魚・青果・精肉の生鮮三品をはじめとする食料品中心の最寄品を中心に取り扱い，大量仕入と大量販売によって商品を低価格で販売する小売業者。

(3) 一般用の医薬品を中心に，そのほかに美容用品や健康用品も取り扱い，商品の大量仕入による低価格販売をおこなう小売業者。

(4) 生活関連の耐久消費財や衣料品，食料品などを総合的に取り扱い，割引販売を実施している小売業者。

(5) 買回品を中心に，最寄品から専門品まで多種類の商品を部門ごとに取り扱い，高級なイメージと広い商圏をもち，対面販売方式を原則とする小売業者。

【解答群】
ア．スーパーマーケット　　　イ．百貨店　　　ウ．ホームセンター　　　エ．ドラッグストア
オ．ディスカウントストア

2 次の(1)～(5)のうち，条件に当てはまるものにはＡを，それ以外にはＢを記入しなさい。ただし，すべてに同一の記号を記入した場合は5問全部を無効とする。

【小売業者の諸活動】
(1) 生活用品(消費財)を一般消費者に販売する活動
(2) 商品を卸売業者に販売する活動
(3) 産業用品(生産財)を事業者(大口消費者)に販売する活動
(4) 商品を生産する活動
(5) ショッピングセンターを計画的に開発・運営する活動

3 次の(1)～(5)に最も関係の深いものを解答群から選びなさい。
(1) お客さまの送迎や訪問先であいさつなどをするときのお辞儀
(2) 地域が抱える問題をビジネスによって解決しようとすること
(3) 商品(製品)・価格・流通・プロモーション(販売促進)の組み合わせのこと
(4) 謝罪やお礼をするときにおこなう最も丁寧なお辞儀
(5) 最終期末における年金の複利終価の総和のこと

【解答群】
ア．最敬礼　　　イ．複利年金終価　　　ウ．コミュニティ・ビジネス
エ．マーケティング・ミックス　　　オ．普通礼(敬礼)

4 次の(1)～(5)に最も関係の深いものを解答群から選びなさい。

(1) 製造業者が自ら企画・開発し，製造業者のブランド名で販売している商品。

(2) 売買業者と製造業者が共同で企画・開発し，売買業者のブランド名で販売している商品。

(3) 消費者が日常生活において，自宅近くの店舗でひんぱんに購入する比較的安価な商品。

(4) 製品の一部を構成し，製造または加工の過程で形を変えたり化学的変化を生じたりする素材で，チーズを作る牛乳や木製家具の木材のような商品。

(5) 特定の商品の品質や性能に消費者が強い魅力を感じて，消費者が指名して購入する自動車や宝石類などの商品。

【解答群】
ア．ナショナルブランド商品　　　　イ．最寄品　　　ウ．原材料
エ．プライベートブランド商品　　　オ．専門品

5 次の(1)～(5)について，下線部が正しいときは○を記入し，誤っているときは解答群から正しいものを選び記号で答えなさい。ただし，すべてに○を記入した場合は，5問全部を無効とする。

(1) 電気料金や水道料金などを普通預金口座から自動で引き落とすことを口座振替という。

(2) 電子記録債権法によって新たに設けられた債権は暗号資産(仮想通貨)である。

(3) ICカードやスマートフォンなどに一定の金額をチャージしたものをデビットカードという。

(4) 表面の2本線のなかに特定の銀行名を記入した小切手のことを一般線引小切手という。

(5) 元金¥500,000を年利率2％で6か月借りると，元金と利息を合わせた元利合計は¥505,000である。

【解答群】
ア．電子マネー　　　　イ．¥510,000　　　ウ．銀行振込　　　エ．電子記録債権
オ．特定線引小切手

6　次の文章を読み，問いに答えなさい。

　卸売業者が流通を担うことによって，総合スーパーやスーパーマーケットといった小売業者の品ぞろえが容易になり，また生産者や消費者の代わりに卸売業者が流通を担うことによって，商品の輸送や保管が容易になる。たとえば(a)卸売業者が商品を一定期間にわたり保管することによって，小売業者はさまざまなメリットを享受することができる。

　また，生産者が6社で小売業者が6社とすると，取引総数は36となるが，(b)下の図のように生産者と小売業者の間に卸売業者が1社介在し，すべての相手と取引し，必ずその卸売業者を経由する場合，取引総数が大幅に減少し，効率的な流通がおこなわれることになる。

図　卸売業者が介在する場合

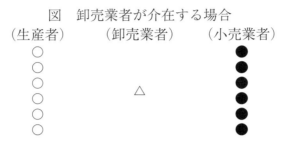

(生産者)　　　(卸売業者)　　　(小売業者)

　(注)　○は生産者，△は卸売業者，●は小売業者を表し，本来はそれぞれを結ぶ線が取引を表す。
　　　　ただし，この図では取引を示す線は省略している。

　また，卸売業者は，生産の情報を小売業者に伝えたり，逆に消費者の情報を生産者に伝えたりする役割も果たす。ときには，卸売業者みずから消費の動向や消費者のニーズを分析し，これに適合した商品を企画することもある。たとえば，(c)小売業者から卸売業者への発注や卸売業者の受注などは多くの場合電子データで交換され，小売業者のもつ販売情報や在庫情報などを卸売業者がリアルタイムで把握しているケースも多い。ただし，近年では大規模な小売業者が，(d)商品を正確・迅速に配送するための大型施設を建設し，卸売業者の機能を一部担うようにもなってきている。

問1．本文の趣旨から，卸売業者が商品を保管する小売業者のメリットとして，次のなかから最も適切なものを一つ選びなさい。

　ア．小売業者は，価格変動や賞味期限などによる在庫を抱えるリスクを減少させ，手元の在庫が不足すれば卸売業者から取り寄せることができる。

　イ．小売業者は，卸売業者から店舗設計や商品陳列などへのアドバイスを受けたり，情報システムの構築支援などを受けたりすることができる。

　ウ．小売業者は，複数の卸売業者を経由して希少で割高な商品を仕入れることとなるが，その代わりに高い価格で消費者に販売することができる。

問2．下線部(b)の場合の取引総数は何回か，正しい数字を記入しなさい。

問3．下線部(c)を何というか，次のなかから正しいものを一つ選びなさい。
　ア．ITF　　　イ．CIM　　　ウ．EDI

問4　下線部(d)を何というか，次のなかから正しいものを一つ選びなさい。
　ア．特別倉庫　　　イ．物流センター　　　ウ．トラックターミナル

7 次の文章を読み，問いに答えなさい。

　小売業者は，生活用品(消費財)の流通経路の末端で，一般消費者(以後，消費者)に商品を販売することを専門の業務とする売買業者である。生活用品(消費財)は，私たち消費者が購入する商品で，購入するときの慣習的様式にしたがって，最寄品・買回品・専門品に分類される。

　そして，一般小売店は取扱商品によって，最寄品店・買回品店・専門品店に分類できる。また，買回品や専門品を取り扱いながらも，取扱商品の範囲を比較的狭くし，品ぞろえを豊富にしている小売店を専門店という。

　買回品を中心に最寄品から専門品にいたるまで，多種多様な商品を幅広く取りそろえて販売する大規模な小売業者が百貨店である。多種類の商品を一つの店舗でまとめ買いできることが特徴となっている。この特徴を 　　　　　　 という。

　このほかに小売業者には総合スーパー・スーパーマーケット・コンビニエンスストア・ディスカウントストアなどさまざまな形態がある。

　今日では大量の商品が供給されている一方で，(a)消費者の欲求や要望なども多様化している。そこで，小売業者も市場調査(市場分析)をふまえたうえで，さまざまなマーケティング活動を展開している。その一つとして(b)広告や販売員活動によって，消費者の購買意欲を刺激する政策がある。

問1．文中の 　　　　　　 に当てはまるものを，次のなかから一つ選びなさい。
　ア．ウインドウショッピング　　　イ．ワンストップショッピング　　　ウ．ホームショッピング

問2．文中の下線部(a)のことを何というか，次のなかから最も適切なものを一つ選びなさい。
　ア．顧客満足　　　　イ．モチベーション　　　　ウ．ニーズ

問3．文中の下線部(b)のような政策のことを何というか，次のなかから最も適切なものを一つ選びなさい。
　ア．価格政策　　　　イ．流通政策　　　　ウ．販売促進(プロモーション)政策

次の文章を読み，問いに答えなさい。

　小売業者はふつう，単独ないし数店舗で営業しているが，近年になって，事業活動を有利に展開できるように，同一業種あるいは異業種に属する小売店舗の組織化が行われるようになった。

　同一業種の組織化の方法としては，一つの企業が多数の小売店舗を各地に設け，中央本部で集中的に管理・運営するコーポレートチェーン（レギュラーチェーン）と，(a)ボランタリーチェーン，(b)フランチャイズチェーンがある。

　また，異業種の組織化の方法としては，さまざまな小売業者が自然発生的に一定地域内に集まって店舗を構えている商店街や，(c)ディベロッパーと呼ばれる専門の開発業者が，計画的に建設・運営する商業施設に多くの小売業者が出店している商業集積がある。

問1．下線部(a)の内容として，次のなかから適切なものを一つ選びなさい。

ア．単一の企業が各地に同じ形態あるいは類似した多数の店舗を出店し，本部で一括仕入や在庫管理，広告宣伝などを集中的におこなうことで，仕入価格の引き下げや経営の効率化をはかる組織である。

イ．食料品や日用品などの業界によくみられ，独立した多数の小売業者がそれぞれの企業としての独立性を保ちながら共同で組織し，共同仕入や共同広告などをおこなって，経営の効率化をはかる組織である。

ウ．商品の販売やサービスなどに特権や独創性をもつ企業が参加する店舗を募集し，一定のロイヤリティ（権利使用料）を加盟店から受け取る代わりに，特定の商標や一定地域内での販売権を認める組織である。

問2．下線部(b)の事例として，次のなかから適切なものを一つ選びなさい。

ア．コンビニエンスストアや，持ち帰り用の弁当・ファーストフードの分野に多くみられる形態である。

イ．スーパーマーケットや専門店などの分野に多くみられる形態である。

ウ．化粧品・薬品・衣料品・家庭用電気製品などの分野に多くみられる形態である。

問3．下線部(c)を何というか，次のなかから正しいものを一つ選びなさい。

ア．流通センター　　　イ．専門店　　　ウ．ショッピングセンター

9 次の文章を読み，問いに答えなさい。

企業は，出資者がだれであるかによって，次のように三つに分類される。

◯◯◯◯は，民間の個人や団体によって設立されたもので，基本的には，一個人の出資による個人企業と，複数の出資者によって運営される共同企業の二つに大別される。共同企業は，さらに，その目的・組織・運営などの違いによって，合名会社・合資会社・(a)株式会社・合同会社などの会社企業と(b)協同組合とに分かれる。

公企業は，国または地方公共団体の出資によって設立され，公共性の強い事業分野で，営利を目的としないで活動している。また，公私合同企業は，国または地方公共団体と民間の共同出資によって設立された企業である。公私合同企業は，はじめから公私双方の共同出資によって設立されるのが普通であるが，既存の公企業に民間の出資を認めて，私企業の長所を取り入れ，その運営の改善をはかろうとする目的で設立されることもある。

問1．文中の◯◯◯◯に当てはまる適切な語を漢字3文字で記入しなさい。

問2．下線部(a)の出資者の説明として，次のなかから適切なものを一つ選びなさい。
　ア．出資者を株主といい，出資者は有限責任を負う。
　イ．出資者を社員といい，出資者は有限責任を負う。
　ウ．出資者を社員といい，出資者は直接責任を負う。
　エ．出資者を株主といい，出資者は無限責任を負う。

問3．下線部(b)の組合員総会の議決権の説明として，次のなかから適切なものを一つ選びなさい。
　ア．組合員総会で選ばれた理事のみ議決権がある。
　イ．一人1票の議決権がある。
　ウ．出資額に応じた議決権がある。

10 次の文章を読み，問いに答えなさい。

物流業者は，生産者がつくった商品を必要なときに，必要な場所に，より早く，しかも最少の費用で届ける役割を担っている。

物流業者には，商品の輸送を担当する輸送業者と，保管を担当する倉庫業者がある。輸送は，生産者や売買業者の所有する輸送手段によって行われる場合もあるが，多くは専門の輸送業者によって行われる。輸送業者は輸送手段によって，(a)自動車輸送業者，(b)船舶輸送業者，(c)鉄道輸送業者，(d)航空輸送業者に分けられる。倉庫は，商品を保管する施設であるが，生産者や売買業者が自分で保有する自家倉庫と，(e)商品を預かることを業務とする企業が保有する倉庫がある。

問1．国内貨物の取扱量が最も多い業者を，下線部(a)～(d)のなかから一つ選びなさい。

問2．下線部(e)の倉庫を何というか。次のなかから適切なものを一つ選びなさい。
　ア．営業倉庫　　　イ．特別倉庫　　　ウ．保税倉庫

11 次の文章を読み，問いに答えなさい。

　売買契約は，一方の申し込みに対して，相手方がそれを承諾することによって成立する。これを売買契約の　(1)　という。また，そのようにして成立した売買契約を実行することを売買契約の　(2)　という。

　商品の品質を決めるには，仕様書や見本による方法などがある。

　商品の数量の取り決めは，個数あるいは計量単位(度量衡)による方法を用いて決められる。個数による方法は，商品そのものを数であらわす場合と，袋や箱など包装単位を用いた数であらわす場合がある。計量単位(度量衡)による方法は，重量・容積・長さや面積が用いられる。

　商品の価格を決めるさいに，商品を売り手から買い手に送るのに必要な運賃・保険料などの諸掛かりを売り手と買い手がどのように負担するのかといった問題が生じる。たとえば，現場渡し価格，(a)持込価格(持ち込み渡し価格)，FOB価格，C&F価格，CIF価格などの決め方がある。

　また，商品の売買契約においては，買い手から売り手に対して一種の保証金として(b)手付金が支払われることがある。もし買い手の責任で売買契約が解約された場合には，その手付金は売り手のものになる。

問１．文中の　(1)　と　(2)　に当てはまるものの組み合わせとして，次のなかから正しいものを一つ選びなさい。

　ア．(1)締　　結・(2)履　　行
　イ．(1)履　　行・(2)承　　認
　ウ．(1)締　　結・(2)承　　認

問２．下線部(a)の持込価格(持ち込み渡し価格)の説明として，次のなかから最も適切なものを一つ選びなさい。

　ア．買い手の指定する場所に商品を持ち込むまでの費用を，すべて売り手が負担する条件の価格である。自動車輸送の場合に多い価格である。
　イ．船積港で商品を本船に積み込むまでの費用と，陸揚港までの海上運賃と保険を売り手が負担する条件の価格である。
　ウ．売り手の工場や倉庫などで，買い手に商品を引き渡す条件の価格である。運賃や保険料などいっさいの費用を買い手が負担する。

問３．下線部(b)の手付金について，売り手の責任で売買契約が解約された場合の処理として，次のなかから最も適切なものを一つ選びなさい。

　ア．売り手の責任で売買契約が解約された場合には，手付金と同額を買い手に返還する。
　イ．売り手の責任で売買契約が解約された場合には，次回の売買契約の商品代金の一部にあてられることになる。
　ウ．売り手の責任で売買契約が解約された場合には，手付金の２倍を買い手に返還する。

12　次の文章を読み，問いに答えなさい。

　　衣料品店を営むＡさんは，近所に大規模な総合スーパーが設立されたので，さまざまな手段を講じて販売促進をはかることにした。そのさい知人に相談すると販売価格をうまく設定することによって集客効果が高まり，売上高が伸びることがあることを知った。

　　そこで，就職の時期にあわせて３月に「就職おめでとうセール」と題して，(a)定価が１着40,000円のスーツを３割引きで販売することにした。

　　さらにポイントカードを発行して，買い物の度にＡさんはスタンプを押すことにした。このスタンプカードを持参すると，定価が１枚4,000円のインナーを２枚セットで購入すると１組で7,000円になる価格設定にした。このスタンプカード持参の場合の特典を利用すると，たとえば定価20,000円のジャケットを１着と，インナー ２枚セット４組を購入すると，合計金額は 　　　　　 円になる。

　　Ａさんの衣料品店は，新しい販売促進をおこなうことで，集客に成功し，売上高を伸ばすことができた。

問１．下線部の販売価格はいくらか，正しい金額を記入しなさい。ただし，消費税は考えないものとする。

問２．文中の 　　　　　 にあてはまる正しい金額を記入しなさい。ただし，消費税は考えないものとする。

13 次の一連の文章〔Ⅰ〕・〔Ⅱ〕を読み，それぞれの問いに答えなさい。

〔Ⅰ〕大阪商事株式会社は，インターネットを通じて不特定多数の人や企業から資金を集めるクラウドファンディングを展開している。業務をさらに拡大するために，サーバを新たに購入することにした。購入にあたり，購入する販売店をどこにするか検討することにした。その結果，以前から取引している3社の販売店のなかから1社を選定することにした。

　以下は，大阪商事株式会社がサーバを購入する販売店を選定し，売買契約の締結をするまでの事例を示したものである。

　令和○年11月28日　大阪商事株式会社は，性能が一定の基準以上で必要なセキュリティ水準が確保されていることを前提に，商品の内容と取引条件を示し，価格を問い合わせる書類を作成して，株式会社東京商事，北海道商会株式会社，株式会社愛知電機の3社に送付した。

　令和○年12月2日　それぞれの会社から商品の価格に対する回答の書類が届いた。大阪商事株式会社は提示された書類を検討した結果，北海道商会から商品を購入することにしたので，注文書をワンライティングシステムで作成し，これを送付した。後日，これに対して北海道商会株式会社から承諾するむねの(a)文書が届いた。

　その後，北海道商会からは，商品の内容明細が記入された書類と一緒に商品が届けられた。大阪商事株式会社は，(b)注文した商品の到着後，すぐに注文書控えなどと照合し，品違いや数量の過不足，さらに輸送中の損傷や変質の有無などを検査した。

＜資料＞

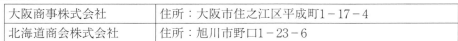

大阪商事株式会社	住所：大阪市住之江区平成町1－17－4
北海道商会株式会社	住所：旭川市野口1－23－6

問1．下線部(a)の文書名と図中の　(a)　の文書名は同じであるが，適切な語句を漢字4文字で記入しなさい。

問2．図中の　①　と　②　に入る企業名の組み合わせとして，次のなかから正しいものを一つ選びなさい。

　ア．①北海道商会株式会社・②大阪商事株式会社

　イ．①大阪商事株式会社・②北海道商会株式会社

　ウ．①大阪商事株式会社・②株式会社愛知電機

問3． 下線部(b)の検査を何というか，次のなかから適切なものを一つ選びなさい。

　ア．検索　　イ．検収　　ウ．実査

文章〔Ⅱ〕とそれに関する問いは，次のページにあります。

〔Ⅱ〕大阪商事株式会社は，クラウドファンディング事業の規模を拡大するために，サーバの購入を販売店1社に選定し，令和○年12月に売買契約の締結をすでに済ませている。

翌年の1月10日となり，サーバは無事に大阪商事株式会社の倉庫に納品された。大阪商事株式会社は，あらかじめ定められた支払条件のとおりに，小切手と小切手の控えに必要事項を記入し，商品代金の支払いとして次の小切手を振り出した。

```
AZ0032          小  切  手        （銀行番号省略）

 支払地   （住所省略）
 株式
 会社    函館 銀行 昭和 支店

 金額    ¥600,000※

 上記の金額をこの小切手と引き替えに
 ［ ① ］へお支払いください
     拒絶証書不要        住所   （省略）
 振出日  令和 ○ 年 1 月 20 日   大阪商事株式会社
 振出地  （省略）    ［ ② ］ 取締役社長 大阪 太郎   印

印
```

問4．下線部の利点は何か，次のなかから適切なものを一つ選びなさい。

ア．商品を仕入れてから，代金を支払うまでの期間に余裕があるため，その間に運転資金を調達できる。

イ．多額の現金を手元に置かなくてもよく，紙幣の数え間違いなども防止できる。

ウ．振出人が売掛金を有する得意先に対して，支払いを委託することができる。

問5．本文の趣旨から，小切手の ［ ① ］ と ［ ② ］ に入る組み合わせとして，次のなかから正しいものを一つ選びなさい。

ア．①持参人・②振出人

イ．①振出人・②持参人

ウ．①持参人・②受取人

第４回
商業経済検定試験模擬試験問題
〔ビジネス基礎〕

解答上の注意

１．この問題のページはp. 142からp. 153までです。

２．解答はすべて別紙解答用紙（p. 160〜p. 161）に記入しなさい。

３．文字または数字で記入するもの以外はすべて記号で答えなさい。

４．計算用具などの持ち込みはできません。

５．制限時間は40分です。

1 次の(1)～(5)に最も関係の深いものを解答群から選びなさい。

(1) 遠隔地間における金銭の受け払いについて，銀行が仲立ちをし，直接現金を送付することなしに，決済あるいは資金を移動する業務。

(2) 資金が不足している家計や企業に資金を融通して，一定の利息を受け取る金融機関の業務。

(3) 「政府の銀行」，「銀行の銀行」，「発券銀行」とも呼ばれる金融機関。

(4) 投資家から売買の注文を受けて証券取引所に取り次いだり，自ら有価証券を売買して有価証券売却益を獲得したりして，直接金融を担う金融機関。

(5) 同じ種類の危険にさらされている多数の個人や企業があらかじめ一定の資金を出しあって共同の準備財産をつくり，不慮の事故が起こった場合に，その共同財産から損失を補償して経済的な救済を行う制度を担当する金融機関。

【解答群】
ア．日本銀行　　　イ．証券会社　　　ウ．貸出業務　　　エ．為替業務　　　オ．保険会社

2 次の(1)～(5)のうち，条件に当てはまるものにはAを，それ以外にはBを記入しなさい。ただし，すべてに同一の記号を記入した場合は5問全部を無効とする。

【条　件】物流の業務に属するもの

(1) 生産されたものを仕入れて販売し，その所有権を生産者から消費者へ移転させる活動。

(2) 商品を破損・汚れから守り，あわせて一定の単位にまとめ，運送などを効率化するために行う活動。

(3) 倉庫への貨物の出し入れや積み替え・積みおろしなどをする活動。

(4) 切断，組み立て，詰め合わせなど，商品価値を高める活動。

(5) 事故の危険に備えておき，事故発生によって生じた損害を埋め合わせる活動。

3 次の(1)〜(5)の _____ に当てはまるものを解答群から選びなさい。

我が国では長らく定年退職まで身分が保証されている ____(1)____ 制度と，年齢や勤続年数に応じて賃金が上昇する ____(2)____ 賃金制度が一般的であった。しかし，近年では経済情勢の悪化などを理由としたリストラクチャリングや業務の結果で賃金を決定する ____(3)____ 賃金制度の導入がおこなわれつつある。また，一週間の所定労働時間が短く日給制や時間給制で働く雇用（アルバイトやパートタイマーなど）や雇用主と期間を定めた雇用契約を締結する労働者（契約社員）など正規雇用以外の ____(4)____ も増加している。

こうしたなか雇用形態にかかわらず，業務内容に応じて対価を定め待遇の均等や均衡をはかるべきではないかという同一労働 ____(5)____ が，法律によって企業に義務づけられている。

【解答群】
ア．年功序列型　　イ．終身雇用　　ウ．成果主義　　エ．同一賃金　　オ．非正規雇用

4 次の(1)〜(5)について，下線部が正しいときは○を記入し，誤っているときは訂正しなさい。ただし，正しいものを訂正した場合は誤答とし，すべてに○を記入した場合は5問全部を無効とする。

(1) 一定期間ごとに利息を元金に繰り入れて，その元利合計を次期の元金として利息を計算する方法のことを単利法という。

(2) 傷害保険は，人の生死に関する保険で，人が死亡した場合に支払われる死亡保険や，ある一定期間中に傷害がない場合に支払われる生存保険などがある。

(3) 船積み港で商品を本船に積み込むまでの費用に加えて，陸揚げ港までの運賃や海上保険料を売り手が負担する条件の価格をFOB価格という。

(4) 電子商取引において，インターネット上に企業が仮想店舗を置き，消費者に商品を販売するといった取引のことを，C to Cという。

(5) PL法でいう製造物とは，製造または加工された動産のことである。同法では，被害を受けた場合に，3年以内に損害賠償の請求をおこなわないと時効が成立する。

5　次の文章を読み，問いに答えなさい。

　経済の成長・発展に伴いビジネスが大きく成長をとげてきた反面で，ものの生産・消費に伴う排出物などが地球環境を破壊して，人類の生存自体をおびやかしかねないと心配されている。

　わが国でも，将来に向けて「持続可能な地球環境の構築」が，大きな課題となり，ビジネスにおいてもこの課題の解決がせまられている。環境重視・環境保護ニーズに対応した新しい環境ビジネス（エコビジネス）が生まれてきている。これには，環境負荷を低減させる装置や商品の開発・生産，廃棄物処理など環境保全に役立つサービスの提供などがある。さらに，ビジネスを含めた経済社会全体で，環境保全のために資源のむだ使いをなくし，再資源化，再使用，廃棄物の発生抑制などを行える循環的なシステムを構築していかなくてはならない。

　また，企業のマーケティング活動に一貫して求められる姿勢として，消費者志向がある。消費者志向は，企業のマーケティング活動がなによりも消費者を尊重し，消費者ニーズを質的にも量的にも満たす方向で展開されなければならないことを意味している。つまり，これは，マーケティングにおける消費者優先の考え方である。その社会的な背景として，近年，コンシューマリズムの台頭がある。さらにいえば，企業は社会全体の利益のためにマーケティング活動を展開しなければならない。それは，企業の　　　　　　　の現れである。

　生産者や売買業者以外に，レストラン・ホテル・旅行代理店などのサービス業者や物流業者・金融機関・保険業者などにとっても，このマーケティングの考え方は重要である。

問1．文中の下線部のことを何というか，次のなかから最も適切なものを一つ選びなさい。
　ア．リユース（Reuse）　　　イ．リサイクル（Recycle）　　　ウ．リデュース（Reduce）

問2．文中の　　　　　　　にあてはまる語句として，次のなかから最も適切なものを一つ選びなさい。
　ア．IoT　　　イ．CSR　　　ウ．QR

6　次の文章を読み，問いに答えなさい。

　株式会社は，株式を発行して出資を募る方式の会社である。出資者は　(1)　と呼ばれる。株式とは均一に細分された出資の単位を意味し，出資者の権利は引き受けた株式の種類や数に応じて行使できる。

　株式会社の最高意思決定機関は　(2)　であり，ここで選任された取締役に会社の経営業務が委任される。ここで選任された取締役は必ずしも　(1)　である必要がない。実際には，会社が小規模なうちは，創業者が選任されるケースが多い。しかし，会社の規模が拡大するにつれて，経営業務が複雑化し，専門知識に裏づけられた高い経営能力が要求されるようになった。大企業になると，専門経営者と呼ばれる人びとが取締役に就任する傾向が強くなる。これを資本(所有)と経営の分離という。

　株式会社では，発行できる株式の総数は　(3)　で決定する。また，　(3)　は株式会社の根本原則を定めたものなので，株式の譲渡に制限を加えることもできる。

　こうして株式の譲渡に制限を加えていた株式会社が，資金調達などのために，証券取引所に自社の株式を上場することがある。これもまた，　(3)　の内容を変更することで可能になる。

問１．文中の　(1)　に当てはまるものを何というか，適切な語句を漢字2文字で記入しなさい。

問２．文中の　(2)　に当てはまるものを何というか，適切な語句を漢字4文字で記入しなさい。

問３．文中の　(3)　に当てはまるものを何というか，次のなかから最も適切なものを一つ選びなさい。

　ア．定　　款　　　イ．社会規範　　　ウ．寄付行為

問４．文中の下線部の説明として，次のなかから最も適切なものを一つ選びなさい。

　ア．株式を証券取引所で自由に売買できるようにすることである。

　イ．株式を新たに発行して資本金を5億円以上にすることである。

　ウ．後継者に株式を譲渡して，事業承継をはかることである。

7 次の文章を読み，問いに答えなさい。

　山田衣料店は，ある商店街で祖父の代から50年間，(a)衣料品を中心とした小売店を経営している。1960年代には，店舗の売り場面積も拡張し，従業員も雇い入れた。また支店も，近郊に３店舗設けて，順調に業績を伸ばしてきた。しかし，大型店が出店したこともあり，年々，売上が減少するようになり，支店も閉店し，現在では，創業地である本店が一店舗あるだけの状態である。現在，主人(58歳)，妻(55歳)，長男夫妻(長男・32歳，妻・30歳)の４人で経営している。

　長男夫妻が，これからの経営のことで相談したいと店主である父親に申し出た。長男夫妻は，現状のままでは，いずれ経営に行き詰まるので，(b)思い切った改革をするか，自分たちが他の会社に働きに出るか考えてほしいということであった。長男夫妻の話を受けて父親は，いろいろな資料を収集した。

　資料の中には，同業種の組織化として，チェーン加盟のパンフレットがあった。そのパンフレットには，(c)ボランタリーチェーンとフランチャイズチェーンが紹介されていた。また，ショッピングセンターに(d)入店する募集のパンフレットもあった。

　結局，各種の小売店を見学した結果，あるフランチャイズチェーンと契約して，年中無休のコンビニエンスストアを開業することにして，長男は店舗経営の実習に参加することになった。

問１．下線部(a)に当てはまる用語を，次のなかから一つ選びなさい。

　ア．最寄品店　　　　　イ．買回品店　　　　ウ．専門品店

問２．下線部(b)の思い切った改革の方法の選択肢として，次のなかから一つ選びなさい。

　ア．業態店から業種店への変換

　イ．業種店から業態店への変換

　ウ．業態店から業際化への変換

問３．下線部(c)に当てはまる説明を，次のなかから一つ選びなさい。

　ア．多数の小売業者が集まって独立性を維持しながら共同で組織を作り，本部で共同仕入や共同広告などを一括しておこない，仕入価格の引き下げや費用の節減などで経営の効率化をおこなっている組織のことである。

　イ．単一の企業が各地に多数の店舗を開設し，本部で一括大量仕入や在庫管理をおこなうほか，広告も一括しておこなうことで経費の節減を実現し，経営の効率化をはかっている組織のことである。

　ウ．コンビニエンスストアや飲食店などで，本部が加盟店を募集し，商号の使用を認め，商品の供給や経営指導をおこなう代わりに加盟店からロイヤリティ(権利使用料)を受け取る組織のことである。

問４．下線部(d)に当てはまる用語を，次のなかから一つ選びなさい。

　ア．ＳＰＡ　　　イ．テナント　　　　ウ．ディベロッパー

8 次の文章を読み，問いに答えなさい。

東西商事株式会社の営業部に勤務する新入社員の山田さんは，上司に呼ばれて以下の相談を受けた。以下は(a)山田さんと上司の会話である。

「当社は新たに新規事業である有機野菜の販売に乗り出すことにした。ついてはまず，お客さまが有機野菜に抱いているイメージやニーズを知りたい」

「それならば，アンケート調査をおこなって情報を収集するのはいかがでしょうか」

「当社独自の一次情報になるが，　　①　　という欠点があるね。今すぐに情報を集めるにはどのような方法があるだろうか」

「(b)インターネットを検索して，いろいろな意見や情報を収集するのはどうでしょう」

「費用をあまりかけずに最新の情報を集めることができるね。でも　　②　　という欠点がある」

「専門家による専門雑誌や学術雑誌や新聞なども読む必要がありそうです」

「そうだね。いろいろな情報の入手方法があるけれども，それぞれの長所と欠点を見きわめて，総合的に判断することが大事になるね」

問1．下線部(a)のような会話は以下の何に相当するか，最も適切なものを一つ選びなさい。

　ア．インフォーマルコミュニケーション

　イ．直接的コミュニケーション

　ウ．マスコミュニケーション

問2．下線部(b)をおこなう場合のメリットとして，次のなかから最も適切なものを一つ選びなさい。

　ア．定期的に統計の更新がおこなわれているため，時系列でデータの比較をおこなうことができる。

　イ．特定のテーマについて専門家の知見にもとづいた考え方や情報を体系的に入手することができる。

　ウ．検索エンジンを用いれば，さまざまな情報を大量かつ迅速に入手することができる。

問3．　　①　　にあてはまる最も適切な文章を次から選びなさい。

　ア．情報の鮮度に問題点がある

　イ．特定の人脈がないと実施が不可能である

　ウ．調査には時間と費用がかかる

問4．　　②　　にあてはまる最も適切な文章を次から選びなさい。

　ア．フェイクニュースなどもあるので，信頼性を見極めなければならない

　イ．ニュース番組などもあるが，特定の情報を選びだして入手するのが難しい

　ウ．専門家の知見を得るのに有用だが，データが古い場合がある

⑨　次の文章を読み，問いに答えなさい。

　　　　　　　　とは，ビジネスの目的を達成するための活動方針や基本的な考えなどを，具体的に表現したものである。自分たちの企業は何のためにあるのか，そして，どのような目的で，どのような方法で経営していけばよいのかといった，根本的な考え方をあらわしたものである。それは，経営者の信条ないし行動基準ともいえる。企業経営の健全な発展を望むとしたら，まず，この　　　　　　　　を明らかにする必要がある。それには，①社員や顧客を中心にした経営，②地域環境を考えた経営，③革新や進歩をめざした経営，④地域社会に根ざした経営，などがある。

　　経営者として最も重要な働きは，いうまでもなく基本方針を決定することである。それは，いくつかの可能性のなかから，一つの方針を選択することにほかならない。その選択基準となるものが　　　　　　　　である。

　　ただし，どれだけ立派な活動方針や基本的な考えをうちだしても，実態がともなわなければ意味がない。企業が社会のなかで継続的にビジネスを展開していくうえで，たとえば従業員に対しては(a)労働条件における最低限度を定めた法律を遵守することや，(b)病気やけがをしたときに，治療費の給付をおこなう制度を整備しておくことなどはもちろん，法律で定められていなくても任意の福利厚生を充実しておくといったことが重要になる。

問１． 文中の　　　　　　　　に当てはまるものを何というか，次のなかから最も適切なものを一つ選びなさい。

　　ア．就業規則　　　　イ．経営理念　　　　ウ．起業家精神

問２． 下線部(a)と(b)に当てはまる語の組み合わせとして最も適切なものを，次のなかから一つ選びなさい。

　　ア．(a)労働組合法・(b)介護保険　　　　イ．(a)最低賃金法・(b)年金保険
　　ウ．(a)労働基準法・(b)健康保険　　　　エ．(a)労働基準法・(b)雇用保険

⑩　次の文章を読み，問いに答えなさい。

　　インド洋で捕れたマグロが，私たちの食卓にのぼるまでに，どのような過程を経ているのだろうか。捕獲直後に，船内で急速冷凍されたマグロは，卸売市場などで買い手がつくと，運送用に包装され，冷凍車によって消費地まで運ばれる。その後，倉庫に保管されたり，適当な大きさに小分けされるなどの過程を経て，店頭にならべられ，販売される。

　　このような商品が消費者の手元に届くまでには，次のようなさまざまな物流活動が必要になる。

(1)　運　　送　　商品を必要な場所まで運搬する。
(2)　保　　管　　生産または仕入れ後，商品を必要な時期までしまっておく。
(3)　　　　　　　倉庫への商品の出し入れや積み替え・積みおろしなどをする。
(4)　包　　装　　商品を破損・汚れから守り，一定単位にまとめ，運送をしやすくする。
(5)　流通加工　　切断・組み立て・ラベル貼り・詰めあわせなど，商品の付加価値を高める。

問１． 下線部に関連して，商品の陸上輸送の中心的な輸送手段を漢字３文字で記入しなさい。

問２． 文中の　　　　　　　　に当てはまる適切な語句を漢字２文字で記入しなさい。

11 次の文章を読み，問いに答えなさい。

　売買契約を結ぶにあたっては，後日紛争が生じないように，売り手と買い手の間で契約内容を明確に決めておかなければならない。そのなかの一つとして，代金の受け払い方法がある。

　代金の受け払い方法には，次のような種類がある。

　引き換え払いは，商品の受け渡しと同時に現金や　(1)　で代金を支払う方法で，小売取引はこの方法によることが多い。遠隔地間の取引では，(a)受取人が銀行に当座預金や普通預金をもっている場合，支払人が預金口座に代金を払い込む方法などが用いられる。

　後払いは，商品の受け渡し後，ある一定期間を経て代金を支払う方法である。後払いには掛け払い，手形払い，分割払い(割賦払い)の方法がある。

　前払いは，商品の受け渡しを行う前に，代金の全部または一部を受け払いする方法である。買い手の信用が不明なときや，売り手の力が強いときに利用されることが多い。商品代金の一部が前払いされた場合，その部分を内金という。また，この内金と似たものに(b)手付金がある。手付金とは，売買契約締結の証拠として買い手から売り手に支払われる保証金のことであり，これにより売買契約の履行はより確実になる。

問１．文中の　(1)　に当てはまるものを次のなかから一つ選びなさい。

　ア．小切手　　　　イ．約束手形　　　ウ．証書貸付

問２．下線部(a)の方法を何というか，最も適切なものを，次のなかから一つ選びなさい。

　ア．総合口座　　　イ．(銀行)振込　　　ウ．コード決済

問３．下線部(b)の手付金の説明として，次のなかから最も適切なものを一つ選びなさい。

　ア．売り手が売買契約を解除する場合にのみ，売り手は受け取った手付金を買い手に返却する必要がある。

　イ．売り手の都合で売買契約の履行がおこなわれない場合には，売り手は買い手に手付金の２倍の金額を返却しなければならない。

　ウ．買い手の都合で売買契約の履行がおこなわれない場合であっても，売り手は買い手に手付金を返却しなければならない。

12 次の文章を読み，問いに答えなさい。

　A商店は，青果店を営んでいる。周辺に総合スーパーやコンビニエンスストアが進出した影響で，商店街は活気を失っているが，その中でも顧客のニーズに対応した旬の品ぞろえをおこなうことで，多くの固定客から支持を得ている。

　そんなA商店は，夕方5時ごろからタイムセールを実施し，長野県産のリンゴと静岡県産のミカンの販売価格を値引きすることにした。

　長野県産のリンゴについては，通常の販売価格を1個280円に設定しているが，タイムセールでは1個210円で販売することにした。値引きした(a)1個210円の価格は仕入原価に対して，5％の利益を見込んだ価格である。

　また，静岡県産のミカンについてはタイムセールで，2kgあたり500円で販売した。なかには(b)このタイムセールで一度に8kg購入する顧客もいた。

　A商店はこのタイムセールの実施によって，長野県産のリンゴと静岡県産のミカンだけでなく，他の青果の売り上げも伸ばすことができたので，さらに今後タイムセールの実施を検討することにした。

問1．下線部(a)について，長野県産のリンゴ1個あたりの仕入原価はいくらか，正しい金額を記入しなさい。ただし，消費税は考えないものとする。

問2．本文の趣旨から，下線部(b)の代価はいくらか，次のなかから正しい金額を一つ選びなさい。ただし，消費税は考えないものとする。

　　ア．4,000円　　　イ．3,000円　　　ウ．2,000円

13 次の一連の文章〔Ⅰ〕・〔Ⅱ〕を読み，それぞれの問いに答えなさい。

〔Ⅰ〕山田燃料店は，燃料を仕入れて販売している個人企業である。主要な仕入先は東西物産株式会社で，山田燃料店は，小切手や手形の支払いを目的とした預金口座を銀行に開設している。

山田燃料店の山田一郎さんは，可燃性が高い商品を取り扱っていることから，従来から備え付けてあった防火設備に加えて，高い断熱性を兼ね備えた防火窓を購入することにした。専門商社である東西物産株式会社に電話をすると，(a)東西物産株式会社の社員が訪れ，設置場所の寸法などを測定してから，カタログやプレゼンテーションソフトなどを用いて，東西物産株式会社で取り扱っているさまざまな防火設備を紹介した。

山田燃料店は，さまざまな製造業者（メーカー）の防火窓について，多面的に検討したが，最終的に横浜工業株式会社が製造した防火窓を購入することにした。ただし，その防火窓を取り扱っている卸売業者は複数あったので，東西物産株式会社と新規に取引を検討している南北商事株式会社のそれぞれに，(b)商品の規格・数量や代金決済方法などの取引条件を示し，価格を問い合わせる書類を作成して送付した。

数日が経過して令和○年10月7日付けで，まず東西物産株式会社から以下のような見積書が届いた。

見 積 書　　　　　　　　　　No. 324

令和○年10月7日

（住所略）

山田燃料店　山田一郎　様

（住所略）

東西物産株式会社　印

下記のとおりお見積もり申し上げます。なにとぞご用命くださいますようお願いいたします。

納入期日	令和○年10月31日	運送方法	当社トラック	支払条件	着荷後7日以内	
納入場所	買い主店頭	運賃諸掛	売り主負担			
品　名	数　量	単価(税込)		金　額(税込)		
防火窓	10	84,000		（　各自計算　）		
設置費用	10	16,000		（　各自計算　）		
合　計				（　各自計算　）		
			係印	(押印略)	(押印略)	

その翌日に令和○年10月8日付けで南北商事株式会社から次のような見積書が届いた。

151

見　積　書

マ発0122

令和〇年10月8日

(住所略)

山田燃料店　山田一郎様

下記のとおりお見積もりいたします。

(住所略)

南北商事株式会社 印

納入期日	令和〇年10月29日		運送方法	**自動車便**	支払	**着荷後 10 日以内**
納入場所	**買い手店頭**		運賃諸掛	**売り手負担**	条件	**小切手払い**
品　　名		数　量	単　価(税込)		金　　額(税込)	
防火窓		10	83,000		（　各自計算　）	
設置費用		10	18,700		（　各自計算　）	
以下余白						
合　　計					（　各自計算　）	
見積有効期限　令和〇年11月8日			係印	(押印略)		(押印略)

　山田一郎さんは，(c)両方の見積書の価格や取引条件を比較検討し，東西物産株式会社から防火窓を仕入れることにした。

　そこで，山田一郎さんは，東西物産株式会社から見積書とともに送られてきた　　　　　　　に必要事項を記入・押印し，東西物産株式会社にむけて発送した。さらにその数日後，東西物産株式会社の社員が山田燃料店を再び訪れて，注文請書を山田一郎さんに手渡した。

問1． 下線部(a)に示されている東西物産株式会社の社員は，通常どのような職能別組織の部門に属していると考えられるか，次のなかから最も適切なものを一つ選びなさい。

　　ア．総務部　　　　イ．営業部　　　　ウ．経理部

問2． 下線部(b)に相当する文書を何というか，次のなかから正しいものを一つ選びなさい。

　　ア．見積依頼書　　　　イ．請求書　　　　ウ．物品受領書

問3． 下線部(c)について，山田一郎さんが東西物産株式会社から防火窓を仕入れることを決定した理由として，次のなかから最も適切なものを一つ選びなさい。

　　ア．東西物産株式会社のほうが，防火窓の設置をしてから支払期日が遅かったので，東西物産株式会社から仕入れることを決定した。

　　イ．東西物産株式会社のほうが，見積書に記載された合計金額が安かったので，東西物産株式会社から仕入れることを決定した。

　　ウ．東西物産株式会社のほうが，納入期日が早かったので，東西物産株式会社から仕入れることを決定した。

問4． 文中の　　　　　　　に入るものは何か，次のなかから正しいものを一つ選びなさい。

　　ア．物品受領書　　　　イ．注文書　　　　ウ．請求書

文章〔Ⅱ〕とそれに関する問いは，次のページにあります。

〔Ⅱ〕令和○年11月の取引は以下のとおりだった。

令和○年11月7日　山田燃料店は，東西物産株式会社から購入した防火窓の対価として以下のような(a)約束手形を振り出した。

令和○年11月17日　東西物産株式会社は防火壁用パネル部材を購入したさいに，取引先の西日本製造株式会社に，代金として山田燃料店から受け取った約束手形を裏書譲渡した。

令和○年12月7日　山田燃料店は振り出した約束手形が支払期日に(b)支払銀行から支払いを拒絶されるような手形にならないように預金勘定の残高を確認した。

令和○年12月17日　西日本製造株式会社は，東西物産株式会社から受け取っていた約束手形の支払期日となったので，取引銀行の浦和銀行株式会社本店に取り立てを依頼した。

令和○年12月18日　西日本製造株式会社は，浦和銀行株式会社本店から，預金口座に手形金額¥1,000,000が入金された旨の連絡を受けた。

【約束手形の表面】　　　　　　　　　　　　　　　　【約束手形の裏面】

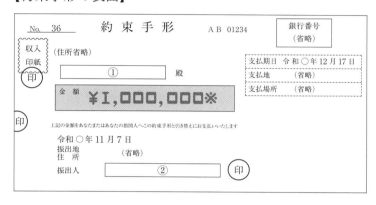

問5．約束手形の　①　・　②　に入る正しい企業名の組み合わせを選びなさい。

　ア．①山田燃料店・②東西物産株式会社

　イ．①東西物産株式会社・②山田燃料店

　ウ．①南北商事株式会社・②山田燃料店

問6．下線部(b)を何というか，漢字4文字で記入しなさい。

問7．約束手形の裏面の　③　に入る企業名として，次のなかから正しいものを一つ選びなさい。

　ア．山田燃料店　　　イ．東西物産株式会社　　　ウ．西日本製造株式会社

第1回　解答用紙

1	(1)	(2)	(3)	(4)	(5)

2	(1)	(2)	(3)	(4)	(5)

3	(1)	(2)	(3)	(4)	(5)

4	(1)	(2)	(3)	(4)	(5)

5	問1	問2			問3	問4	問5
				経済			

6	問1	問2	問3

7	問1	問2

8	問1	問2	問3

9	問1	問2

10	問1	問2	問3	問4	問5
		円	g		

11	問1	問2				
						経済化

12	問1	問2	問3

13	問1	問2	問3	問4	問5

受験番号	名	
組　No.	前	

総得点

（⇒**別冊解答** p. 12）

第2回　解答用紙

1	(1)	(2)	(3)	(4)	(5)

2	(1)	(2)	(3)	(4)	(5)

3	(1)	(2)	(3)	(4)	(5)

4	(1)	(2)	(3)	(4)	(5)

5	(1)	(2)	(3)	(4)	(5)

6	問1	問2

7	問1	問2

8	問1	問2	問3	問4

9	問1	問2	問3

10	問1	問2	問3

11	問1	問2	問3

12	問1	問2

13	問1	問2	問3	問4	問5	問6

受験番号	名	
組　No.	前	

総得点

（⇒**別冊解答**p. 14）

第3回　解答用紙

1	(1)	(2)	(3)	(4)	(5)

2	(1)	(2)	(3)	(4)	(5)

3	(1)	(2)	(3)	(4)	(5)

4	(1)	(2)	(3)	(4)	(5)

5	(1)	(2)	(3)	(4)	(5)

6	問1	問2	問3	問4
		回		

7	問1	問2	問3

8	問1	問2	問3

9	問1			問2	問3

10	問1	問2

11	問1	問2	問3

12	問1	問2
	円	円

13	問1			問2	問3	問4	問5

受験番号	名	
組　No.	前	

総得点

（⇒**別冊解答** p. 17）

159

第4回　解答用紙

1	(1)	(2)	(3)	(4)	(5)

2	(1)	(2)	(3)	(4)	(5)

3	(1)	(2)	(3)	(4)	(5)

4	(1)	(2)	(3)	(4)	(5)

5	問1	問2

6	問1	問2	問3	問4

7	問1	問2	問3	問4

8	問1	問2	問3	問4

9	問1	問2

10	問1			問2	

11	問1	問2	問3

12	問1	問2
	円	

13	問1	問2	問3	問4	問5
	問6				問7

総得点

（⇒別冊解答p. 20）

重要用語チェック　解答

【経済と流通】

(1) B to B

(2) B to C

(3) C to C

(4) EDI

(5) POSシステム

(6) アウトレットモール

(7) 委託売買（ブローカー業務）

(8) 市

(9) 一般小売店

(10) 移動販売

(11) 運送業者（輸送業者）

(12) 海上輸送

(13) 買回品

(14) 核テナント（キーテナント）

(15) 家計

(16) 貸出業務（与信業務）

(17) カテゴリーキラー（専門ディスカウントストア）

(18) 間接金融

(19) 機会費用

(20) 企業

(21) 業態

(22) 共同配送

(23) 金属貨幣

(24) 航空輸送

(25) 小売業者

(26) コンテナリゼーション

(27) コンビニエンスストア

(28) サービス経済化

(29) 再生可能エネルギー

(30) サプライチェーンマネジメント（SCM）

(31) 産業用品（生産財）

(32) 時間的隔たり

(33) 自己売買（ディーリング業務）

(34) 自動車輸送

(35) 社会的（人的）隔たり

(36) 商圏

(37) 商的流通（取引流通・商流）

(38) 商店街

(39) 消費生活の二極化傾向

(40) 情報流

(41) ショールーミング

(42) ショッピングセンター

(43) スーパーマーケット

(44) 政策保険

(45) 希少性

(46) 生死混合保険（養老保険）

(47) 製造小売業（SPA）

(48) セルフサービス方式

(49) 総合商社

(50) 総合スーパー

(51) 倉庫業者

(52) 損害保険

(53) 第一次産業

(54) 第三次産業

(55) 第二次産業

(56) 多品種少量生産

(57) チェーンストア（レギュラーチェーン，コーポレートチェーン）

(58) 通信販売

(59) ディスカウントストア

(60) 鉄道輸送

(61) 当座貸越（契約）

(62) ドラッグストア

(63) トレード・オフ

(64) ナショナル・ブランド

(65) 日本銀行

(66) 荷役

(67) 場所的な隔たり（空間的な隔たり）

(68) パレチゼーション

(69) 被保険者

(70) 百貨店

(71) 普通銀行

(72) 物的流通（物流）

(73) 物品貨幣

(74) 物々交換

(75) 物流危機

(76) 物流センター

(77) 不定期船運送（トランパー運送）

(78) プライベートブランド

(79) フランチャイザー

(80) フランチャイジー

(81) フランチャイズチェーン

(82) 分業

(83) ポイントカード

(84) 包装

(85) 訪問販売

(86) ホームセンター（DIY店）

(87) 保管

(88) 保険会社

(89) ボランタリーチェーン

(90) モーダルシフト

(91) 最寄品

(92) ユニットロードシステム

(93) 要求払い預金

(94) リテールサポート

(95) ロイヤリティ

(96) ワンストップショッピング

【企業活動】

(97) 4P（政策）（4つのP）

令和5年度版　商業経済検定模擬テスト

第3級　ビジネス基礎

模範解答と解説

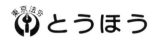

【分野別問題】

〔経済と流通〕　－p.65－

1　問1－イ　　　問2－ウ
【解説】 経営理念・起業家精神を理解する。
問1　経営理念とは、ビジネスの目的を達成するための活動方針や基本的な考えなどを、具体的に表現したものである。なお、選択肢アの就業規則は、職場で守らなければならないルールを定めたもので、一定規模以上の事業所は、労働基準監督署に提出する義務がある。ウの自己責任は、ビジネスに対する心構えの一つである。
問2　起業家精神とは、新しい発明や以前に試みられることのなかったことに挑戦することによって、新しいビジネスを創造するために強い意思を持って実行する人の心構えのことである。

2　(1)－B　　(2)－A　　(3)－A
　　　(4)－B　　(5)－B
【解説】 経済主体としての家計の役割を理解する。
(1) 他の経済主体から税金を徴収する経済主体は、財政（政府）である。財政が必要とする資金は、主に家計や企業から税金として調達される。
(4) 商品やサービスを生産・販売する経済主体は、企業である。企業は、費用を上回る収益をあげ、利益を獲得することを目的（営利目的という）として活動する。
(5) 景気の動きを調整して経済の安定化をはかる経済主体は、財政（政府）である。

3　問1－イ　　　問2－ア
　　　問3－トレードオフ　　　問4－ウ
【解説】 経済のしくみを理解する。
問1　「輸入」、「輸出」がヒントである。選択肢アの投資は、利益を得る目的で事業に資金を投下することである。ウの国際支援は、主に "ODA（Official Development Assistance）"（政府開発援助）がおこなっている。

問2　「ミネラルウォーターがよく売れる」ことは、需要の増加を意味している。需要の増加に対して、メーカーは供給を増加しなければ商品不足になるおそれがある。
問3　二つの選択肢がある場合に、一方を選択すれば他方を断念しなければならないという二律背反の関係をトレード・オフという。
問4　トレード・オフの関係の下で、一方の選択をした場合に断念せざるを得ない他方の利得を機会費用という。

4　問1－イ　　　問2－ア　　　問3－イ
【解説】 市場価格が上昇すればするほど供給者の数が増え、需要者の数が減少する。また市場価格が下落すればするほど供給者の数が減少し、需要者の数は増加する。
問1　価格が上昇するにつれて右上がりになっている曲線が供給曲線で、逆に右下がりになる曲線が需要曲線になることを理解する。
問2　需要曲線と供給曲線の交点が均衡価格となる。それよりも価格が上昇した場合、供給が需要を上回るので市場では超過供給となり、商品が余り、売れ残ることになる。
問3　所得が減ると、通常、消費が少なくなり、その結果需要量が減少する。その結果、需要曲線（ア）そのものが左側に移動するため、商品の価格は減少する。

5　(1)－ウ　　(2)－エ　　(3)－イ
　　　(4)－ア　　(5)－オ
【解説】 三つの経済主体を理解する。
(1) 家計は、消費活動を営む経済主体である。
(2) 家計は、企業や財政に労働力を提供して給料を受け取ったり、資金を提供することで配当金や利子を受け取る。
(3) 家計が企業に出資することで配当金を受け取ったり、社債や国債などの債券を購入することで利子を受け取る。
(4) 企業は、生産・流通活動を行う経済主体である。
(5) 財政は、企業や家計に公共サービスを提供し、その必要な資金を税金として家計や企業から徴収する。それでも資金が不足した場合は、

債券(国債や地方債)を発行している。なお，三つの経済主体が互いに関連しあって成り立っている一国の経済を国民経済という。また，一国の経済は，貿易や金融を通して，外国の国民経済と密接に関連しあっている。このように国と国とのかかわりで経済をとらえた場合を国際経済という。

6 問1－生産　　問2－売買業者　　問3－ウ
問4－イ　　問5－保険

【解説】利益の獲得を目的に営むビジネスの諸活動を理解する。

問1　農水産物や工業製品などをつくり出す事業活動は，生産である。

問2　生産されたものを仕入れて販売する活動を売買という。売買は，商品流通の基本的機能で，その担当者が売買業者である。

問3　ものを運ぶ事業活動は輸送で，その担当者が運送業者(輸送業者)である。選択肢アの流通業者は，流通に関連する小売業者や卸売業者などをいう。

問4　ものをしまっておく事業活動は保管で，その担当者が倉庫業者である。なお，金融は資金を融通する事業活動で，その担当者が銀行などの金融業者である。

問5　事故の危険に備えて，事故発生によって生じた損害を埋め合わせる事業活動が保険で，その担当者が保険業者(保険会社)である。その他のビジネス活動としては，情報を円滑にやりとりするための事業活動である情報通信や，美容，観光，介護・福祉などさまざまなサービスがある。

7 問1－リサイクル　　問2－ウ　　問3－ア

【解説】循環型社会形成を実現するために，環境問題を理解する。

問1　環境問題の視点から経済主体(家計・企業・財政)は，①Recycle(再生利用)，②Reuse(再利用)，③Reduce(省資源化)，の3Rに取り組む必要がある。

問3　本文の「職場での服装を改善することで，冷暖房の使用をひかえて電力消費量を抑えCO_2(二酸化炭素)の削減をはかる」という説明に注目する。なお，クールビズとは，温室効果ガス削減のための取り組みの一つで，夏のビジネス軽装のことで，ネクタイや上着の着装なしのスタイルをいう。また，ウォームビズとは，冬に上着の下にベストや厚い下着などを着用することで，暖房温度を下げるための地球温暖化防止のファッションスタイルのことである。環境省は，室温を夏季は28℃，冬季は20℃とすることを呼びかけている。

8 (1)－○　　　(2)－情報処理(情報管理)
(3)－○　　　(4)－流通加工　　　(5)－供給

【解説】情報処理，供給などの用語を理解する。

(1)　保険とは，事故の危険に備えておき，事故発生によって生じた損害を埋め合わせる事業活動で，その担当者が保険業者である。

(2)　需要を喚起する目的で行うのが販売促進(広告や販売員活動など)である。なお，「情報を円滑にやりとりするための事業活動」は情報処理または情報管理で，その担当者が情報通信業者である。

(3)　サービスとは，理髪・美容，観光，介護・福祉などさまざまなサービスを提供する事業活動で，その担当者がサービス業者である。

(4)　輸送の両端や保管施設での補助的な作業を荷役という。物流の過程でおこなわれる商品の切断や組み立ては流通加工である。

(5)　商品やサービスを欲求する側を需要といい，それに対応する用語は供給である。

9 (1)－オ　　　(2)－エ　　　(3)－イ
(4)－ウ　　　(5)－ア

【解説】小売業者の組織化や集団立地(商業集積)などについて理解する。

(1)　「単一の企業」が同じ形態または類似した多数の店舗を開設する組織化をレギュラーチェーンまたはコーポレートチェーンという。

(2)　開発業者によって開発・運営された人工的な商業集積をショッピングセンターという。

(3)　本部が加盟店を集めてロイヤリティ(権利使用料)を受け取る組織をフランチャイズチェーンという。

(4)　中小規模の小売業者がそれぞれの独立性を保

ちながら一つの大きな組織をつくる形態をボランタリーチェーンという。
(5) ブランド品などの在庫を低価格で販売する商業施設をアウトレットモールという。

10 問1－ア　　問2－イ　　問3－ウ
【解説】産業用品(生産財)についての理解を深める。
問1　原材料も製品の一部を構成するが，部品と異なり製造・加工の過程で物理的・化学的変化が生じる。
問2　生産に用いられる機械装置などを設備という。
問3　産業用品(生産財)の売買取引の多くは，B to B(企業と企業の間での電子商取引)でおこなわれる。

11 (1)－B　　(2)－A　　(3)－A
(4)－B　　(5)－A
【解説】物流(物的流通)の諸活動を理解する。
(1) 小売業者が担当する商的流通(商流)の諸活動である。
(4) 「商品やサービスを生産する活動」は生産活動である。

12 (1)－A　　(2)－B　　(3)－A
(4)－A　　(5)－B
【解説】普通銀行の業務を理解する。
(1) 普通銀行の主要業務である為替業務の説明である。
(2) 「日本銀行券」は，日本銀行が発行している銀行券である。日本銀行券は，強制通用力をもっている法定通貨である。
(3) 普通銀行の主要業務である預金業務の説明である。
(4) 普通銀行の主要業務である貸出業務の説明である。
(5) パソコンやコピー機などの貸し出し業務を行っているのは，リース業である。

13 (1)－A　　(2)－B　　(3)－B
(4)－B　　(5)－A
【解説】資金の分類について理解する。

(1) 建物や備品の購入，さらに工場や支店の建設など長期にわたって事業を支える要素にあてる資金は設備資金となる。
(2) 原材料の仕入れなど日常的・短期的に反復する用途の資金は運転資金となる。

14 問1－イ　　問2－イ
【解説】それぞれの輸送の特徴と効率化について理解する。
問1　航空輸送は輸送速度がきわめて速く，包装は簡素でよい。ただし，運送料が高いという欠点がある。
問2　貨物を標準化した一定の単位にまとめることで，輸送が効率化される。

15 問1－リサイクル　　問2－イ　　問3－ア
【解説】環境問題とビジネスの関係を理解する。
問1　設問では再生して利用することを目的としているので，3Rの一つである「リサイクル」(Recycle)に相当する。
問2　ハイブリッドカー(hybrid car)とは従来の化石燃料を用いた内燃機関と電気で動く動力の両方を備えた車をいう。
問3　アは古紙の回収・利用の促進をはかるために財団法人古紙再生促進センターが制定した「グリーンマーク」，イは産業標準化法に基づく「JISマーク」，ウは農林物資の規格化及び品質表示の適正化に関する法律に基づく「JASマーク」である。

16 問1－ア　　問2－バーコード　　問3－イ
【解説】POSシステムの特徴を理解する。
問1・2　POSシステム(Point Of Sales system)は，販売時点情報管理システムともいう。このシステムは，バーコードをスキャナで読み取り，売り上げた商品の情報収集，在庫管理などをおこない，仕入活動や販売活動に役立たせる。
問3　POSシステムのメリットは，設問の「毎日のデータを分析する」というように，販売情報を商品別・顧客の性別・購入の時間帯などに分析できる。これによって，売れ筋情報と死に筋情報の把握や受発注業務に活用することができる。

ただしPOSシステムはあくまで過去に販売した商品の情報が中心となるので，選択肢ウのような売り場にない商品について判断することはできない。

17 問1－業態　　問2－イ　　問3－ア
【解説】最近，小売業者の業態変化が顕著に見られるようになったので，その特徴を理解する。
問1　取扱商品による分類を業種分類，営業形態による分類を業態分類という。例えば，業種分類は鮮魚店や洋品店など，業態分類は，本文に掲載されている百貨店や総合スーパーなどがある。
問2　デパートメントストア(department store)は，「部門化された店」の意味がある。
問3　総合スーパーの多店舗化の方向は，同一資本によるチェーンストア，あるいは単にレギュラーチェーン・正規連鎖店などと呼ばれる。

18 (1)－○　　(2)－○　　(3)－定款
　　(4)－モーダルシフト　　(5)－○
【解説】ショールーミングや合同会社の組織，モーダルシフトなどについて理解する。
(3) 株式会社の株主総会に当たるものを，合同会社の場合には，「社員総会」という。合同会社は，会社法(2005年制定)で新しく導入された会社形態で，社員の全員が有限責任社員で構成される会社である。この点では株式会社と共通するが，定款で社員の議決権や利益配分の割合を任意に取り決めることができる。
(4) 自動車輸送から，環境負荷が小さく，また大量輸送が可能な鉄道輸送や船舶輸送に切り替えていくことをモーダルシフトという。
(5) 当座預金や普通預金など預金者の請求によっていつでも引き出せる預金を要求払い預金という。

19 (1)－エ　　(2)－ア　　(3)－オ
　　(4)－イ　　(5)－ウ
【解説】ビジネス活動に関する外来語や略語の意味を理解する。

(1) 「I」は保険料の略称である。
(2) スキャナで読み取ることで，効率化が図れる。
(3) 販売時点情報管理システムという意味になる。
(4) 電子データ交換の略語である。
(5) FOB価格とは本船渡し価格のことをいう。

20 問1－ウ　　問2－イ
　　問3－アウトソーシング
【解説】最近の小売業者の形態の変化は著しいものがあるので，現状を理解する。
問1　一般小売店の業種分類として，①最寄品店，②買回品店，③専門品店がある。最近では，「酒屋」と呼ばれていた専門店が異業種の進出によって価格競争の激化により閉店したり，コンビニエンスストアなどに業態変更，あるいは取扱商品を日本酒に特化するというように商品を絞るなどの傾向がみられる。
問2　顧客に試飲してもらい好みを把握する方法は，実験法による市場調査の方法である。選択肢アの製品計画は，製品のラインナップなどに関する計画のことである。ウの世論調査は，政党支持率など，社会大衆に共通する意見を求める調査のことである。
問3　自己の中心的業務に経営資源を集中させるために，業務を外部に委託することをアウトソーシングという。

21 問1－流通経路　　問2－ウ
　　問3－ウ　　問4－ウ　　問5－イ
【解説】商品の流通経路(取引流通・物的流通・情報流通)を理解する。
問1　商品の流通は，所有権の移転からみた取引流通(商的流通)と，商品の場所的・時間的移動からみた物的流通(物流)に分けられる。
問2　「商品そのものの物理的な流れ」，いいかえれば商品の移動，つまり時間的な移動，場所的な移動をさしている。これを物的流通(物流)という。
問3　地域情報の発信により地域の特産品などへの購買意欲を促進するのは販売促進であり，消費者のニーズなどの調査は市場調査にあたる。

問4　売買業者は卸売業者と小売業者に分けられる。流通経路における中間業者とは卸売業者が該当する。流通経路の短縮のために「中間業者無用論」「中抜き」などの議論がおこなわれたが，卸売業者の役割と機能を再確認する。

問5　一般的な農産物・魚介類の流通経路は，次のとおりである。

生産者（農家・漁師など）が生産した商品を，産地の協同組合や産地問屋に出荷する。これを，消費地にある中央卸売市場や地方卸売市場の卸売業者に販売を委託する。卸売業者は，その商品を，最高価格をつけた人に売る「せり売り」という方法で仲卸業者に販売する。仲卸業者は市場内にある店舗で，買出しに来た小売業者などに販売する。小売業者は，その商品を自分の店舗で，消費者に販売することになる。

22　ア

【解説】中央卸売市場の役割を理解する。

元卸売商などが収集した農産物を市場に集め，せり売りで適正な価格を設定する。農産物や水産物は鮮度が衰えやすく，大量の需要と供給を結びつけ，安定した供給をおこなうためには中央卸売市場は不可欠の存在となる。

23　問1－ウ　　問2－ア　　問3－ア
　　問4－ウ　　問5－イ　　問6－ウ

【解説】商品の流通経路や小売業者の種類などを理解する。

問1　スーパーマーケットの特徴は，セルフサービスを採用していることにある。定価販売が原則の百貨店に対して廉価販売をおこなっているのも特徴となる。

問2　生産が小規模におこなわれる農産物や水産物は，収集する業者が必要となるために数段階の卸売業者や小売業者を経由してから消費者に届けられることが多い。

問3　百貨店では，買回品を中心に最寄品から専門品にいたるまで多種多様な商品を幅広く揃えてワンストップショッピングを可能にする。選択肢イは専門店，選択肢ウは総合スーパーの説明である。

問4　専門品には，自動車など購入回数が少なく高価な商品が多い。

問5　選択肢アはボランタリーチェーンで，選択肢ウはチェーンストアのことをさす。

問6　DIY店は日曜大工品などを販売する小売商で，ミニスーパーは食料品中心の小規模なスーパーマーケットをさす。

〔企業活動〕　－p.80－

1　問1－ア　　問2－ウ　　問3－共同（法人）
　　問4－ア　　問5－イ

【解説】私企業，特に会社法に定める企業形態について理解を深める。

問1　企業に資本（資金）を提供する人を出資者という。株式会社の場合には特に株主という。

問2　出資者が企業に対して負う責任の範囲には有限責任と無限責任がある。株式会社の場合には，株主全員が有限責任である。

問3　私企業は，個人企業と共同（法人）企業に大別できる。また，共同企業は，会社企業と協同組合に大別される。

問4　会社法で新たに設けられた合同会社の説明である。

問5　株主は株式会社の実質的な所有者なので，株主総会で意見を述べたり議決権を行使したりすることができる。

2　(1)－ア　　(2)－オ　　(3)－ウ
　　(4)－エ　　(5)－イ

【解説】企業形態の種類とその特徴を理解する。

(1)　一個人の出資と出資者が経営者であることから個人企業と判断する。

(2)　「公」と「私」の共同出資による企業を公私合同企業という。

(3)　株式会社は，出資者（株主）と経営者の役割分担がしやすい。

(4)　国や地方公共団体の出資による企業を公企業という。

(5)　合同会社では利益の配分や社員の議決権などを定款で自由に決定できる。また社員は全員，

有限責任社員である。

3　(1)－無限責任　　(2)－○　　(3)－○
　(4)－株主総会　　(5)－○
【解説】企業形態とその特徴を理解する。
(1) 個人企業の出資者は無限責任を負う。
(4) 株式会社の運営上，重要な事項を決定する機
　　関は株主総会(最高意思決定機関)である。

4　(1)－エ　　(2)－オ　　(3)－イ
　(4)－ウ　　(5)－ア
【解説】社会的責任の一つである納税について理
　　　　解を深める。
(1) 通常事業年度は１年である。
(2) 住民税は企業も人も負担する。
(3) 毎年１月１日の固定資産の所有者に対して課
　　税される。
(4) 企業はビジネスをおこなうにあたってさまざ
　　まな行政サービスを享受しており，事業税は
　　その対価としての性格がある。
(5) 消費税の納税者は事業者だが，最終的に負担
　　するのは消費者である。

5　問１－ア　　問２－イ　　問３－イ
　問４－イ　　問５－イ
【解説】雇用形態について理解を深め，企業の雇
　　　　用責任についても理解する。
問１　業務の結果を賃金に反映させるしくみを成
　　果主義賃金制度という。
問２　求職者１人あたりの求人件数をあらわした
　　ものが有効求人倍率である。
問３　契約社員は契約期間にわたる労働をおこな
　　う。期間契約社員などともいう。
問４　時間給もしくは日給で働く労働者をパート
　　タイマーあるいはアルバイトなどともいう。
問５　多様な働き方やライフスタイルと働き方の
　　両立などをワークライフバランスという。ま
　　たリストラクチャリングとは，事業の再構築
　　のことをいう。

〔取引とビジネス計算〕　　－p.83－

1　(1)－オ　　(2)－イ　　(3)－エ
　(4)－ア　　(5)－ウ
【解説】予定販売価格，外国貨幣の換算，割引な
　　　　どの計算を理解する。
(1) ¥250×(4×12)＝¥12,000
(2) ¥7,200×(1+0.25)＝¥9,000
(3) ¥110×100＝¥11,000
(4) ¥10,000×(1－0.2)＝¥8,000
(5) (¥2,300÷10)×40＋¥800＝¥10,000

2　(1)－○　　(2)－¥2,700 (2,700円)
　(3)－○　　(4)－○
　(5)－400ユーロ(€)
【解説】売買に関する計算方法，とくに，割引，
　　　　売価，利益，外国貨幣の換算などを理解
　　　　する。
(1) ¥3,000×(1－0.2)＝¥2,400
(2) ¥270×10個＝¥2,700
(3) ¥1,000,000×(1+0.3)＝¥1,300,000
(4) 102円20銭＋40銭＝102円60銭
(5) ¥60,000÷150＝400(€)

3　問１－ア　　問２－イ　　問３－イ
　問４－ウ
【解説】小切手のしくみを実務的に理解する。銀
　　　　行の窓口で小切手を呈示すれば，銀行は
　　　　持参人に現金を支払うことになる。この
　　　　とき小切手を拾った人が小切手を呈示す
　　　　る可能性もあるため，一般線引小切手や
　　　　特定線引小切手が利用される。
問１　小切手は現金と比較すると，①持ち運びに
　　便利，②支払いの手数がかからない，③盗難
　　や紛失の損害を未然に防げる，という理由で
　　企業間の取引で多く使われている。
問２　当座預金は，小切手や手形の決済資金とし
　　て利用される預金であるが，銀行にとっては
　　手数と費用がかかるので，利息はつかない。
問３　小切手は，銀行などに当座預金をもつ者が，
　　その銀行に当座預金からの支払いを委託する
　　有価証券である。小切手は持参人払いのもの
　　が多く，小切手を持参した人に小切手と引き

換えに現金が支払われる。

問4　小切手は持参人払いのために，盗難や紛失などによって，不正の所持人に支払われるおそれがある。そこで，この危険を防ぐために，線引小切手の制度がある。左上に「BANK」のスタンプを押した小切手であるので，一般線引小切手となる。なお，選択肢アの特定線引小切手とは，2本の平行線内に特定の銀行名を書き入れた小切手をいう。この場合，支払銀行は線引きで指定された銀行以外には支払いを行わない。イの自己あて小切手は，銀行が振出人となっている小切手である。

4　問1ーイ　　　問2ーイ　　　問3ーイ
　　問4ー（令和○年）11（月）20（日）　　　問5ーア
【解説】約束手形のしくみを実務的に理解する。

問1　当座預金は，預け入れには当座勘定入金票を用いるが，払い出しには小切手や手形が使われる。また，選択肢アの普通預金は，いつでも出し入れができる要求払い預金の一種で，個人の預金として広く一般に利用されている。ウの定期預金は，預け入れ期間をあらかじめ定め（3か月，1年など），その期間中は引き出せない預金である。

問2　約束手形の満期（支払期日）に振出人（支払人）の当座預金残高が不足している場合，その手形の支払いが拒絶される。これを手形の不渡りという。なお，選択肢アの手形の裏書は，手形の所持人が満期（支払期日）以前に，第三者に手形を譲渡することをいう。手形を譲渡するには，手形の裏面に必要事項を記入し，署名，または記名・押印して渡す。ウの手形の割引は，銀行が，商工業者などが持っている手形を裏書譲渡などの方法により，満期（支払期日）前に買い取るかたちで，資金を融通することである。

問3　不渡手形の所持人は，自分に対する裏書人，またはそれ以前の裏書人に対して，手形金額の支払いを求めることができる。これを遡求という。

問4　図中の　①　は，振出日を記入する欄である。本文の「令和○年11月20日に，…令和○年12月20日を支払期日として振り出した」

という文章に留意する。

問5　図中の　②　は，支払場所を記載する欄である。本文と資料から，振出人は茨城商事株式会社で，受取人が埼玉商事株式会社である。支払場所は，茨城商事株式会社の取引銀行になる。

5　問1ーア　　　問2ーウ　　　問3ーイ
　　問4ーウ　　　問5ーア
【解説】小切手のしくみを実務的に理解する。

問1　当座預金は，小切手や手形の支払資金として利用される預金で，銀行にとっては手数と費用がかかるので，利息はつかない。選択肢イは「普通預金」，ウは「定期預金」の説明である。

問2　設問のように小切手の表面に2本の平行線が引かれたものを，一般線引小切手という。一般線引小切手については，支払銀行は，所持人から取り立てを依頼された銀行，または支払銀行と直接取引のある預金者以外には支払いを行わない。そのために小切手の不正使用を防ぐことができる。

問3　小切手の受取人（株式会社石川商会）は，その小切手の裏面に住所と氏名を記入し，押印して，支払銀行に呈示する。

問4　小切手の振出人は，株式会社福井商店である。したがって，株式会社福井商店の取引銀行である株式会社CC銀行本店が支払人となる。

問5　小切手の利便性を現金と比較すると，持ち運びに便利で，支払いの手数がかからず，しかも盗難や紛失による損害を未然に防ぐことができる。

6　問1ー当座（預金）　　問2ーウ　　　問3ーウ
　　問4ーイ　　　問5ーア
【解説】約束手形のしくみを実務的に理解する。

問1　当座預金は，小切手や手形の決済資金として利用される預金であるが，銀行にとっては手数と費用がかかるので，利息はつかない。

問2　手形金額によって異なるが，10万円以上は所定の収入印紙（最低金額200円）をはり，消印をしなければならない。収入印紙がなくて

8

も手形は有効であるが, 印紙税法違反となり, 罰金刑に処せられる。

問3　代金決済方法は, 令和01年11月13日に商品を購入し約束手形を振り出しているが, 約束手形の支払期日が令和02年2月13日であるから, 「後払い」になる。

問4　約束手形の受取人は, 「株式会社徳島物産」であるが, それを「株式会社高知製作所」へ裏書・譲渡している。したがって, 裏書人が「株式会社徳島物産」で, 被裏書人が「株式会社高知製作所」になる。

問5　約束手形の支払場所は, 振出人である「株式会社愛媛商店」の取引銀行になる。

7　(1)－A　　(2)－B　　(3)－B
　　(4)－B　　(5)－A
【解説】文書による売買契約の流れを理解する。
(1) 見積もりを依頼する文書が見積依頼書で, 買い手が作成する。
(2) 出荷に際して商品の内容明細を書いた文書が納品書(送り状)で, 売り手が作成する。
(3) 注文を受けたという意味の文書が注文請書で, 売り手が作成する。
(4) 商品代金の支払いを求める文書が請求書で, 売り手が作成する。
(5) 着荷が異常でないということを知らせる文書が商品受取書(物品受領書)で, 買い手が作成する。

8　(1)－見積依頼書　　(2)－注文請書
　　(3)－納品書(送り状)　　(4)－請求書
　　(5)－領収証(領収書)
【解説】文書による売買契約の締結と履行の手順を理解する。
(1) 買い手が見積依頼書を売り手に送付すると, 売り手は, これに応じて見積書を買い手に送付する。
(2) 買い手が, 商品を買いたいという注文書を売り手に送付する。売り手は承諾すると, 注文請書を買い手に送付する。
(3) 売り手は, 注文を受けた商品の出荷手続きが終わったならば, 商品の内容明細を書いた納品書(送り状)を買い手に送付する。

(4) 商品代金の受取期日が近づくと, 売り手は, 請求書を作成して買い手に送付する。代金の支払いを請求する文書が請求書である。
(5) 商品代金を受け取ったならば, 売り手は, 領収証(領収書)を作成して, 買い手に送付する。

9　問1－ア　問2－ウ　問3－ウ　問4－イ
【解説】複利現価率, 複利年金終価率, 株式の約定代金(買入代金), 指値について理解を深める。
問1　複利現価率を掛けると複利現価(現在価値)を計算することができる。
問2　積立預金なので50,000円に複利年金終価率を掛けて計算する。
問3　200円×1,000株＝200,000円
　　200,000円×0.1％＋800円＝1,000円
　　200,000円＋1,000円＝201,000円
問4　1年間の配当金(年配当金)を希望利回りで割って指値を計算する。
　　3円÷1％＝300円

10　問1－ウ　問2－イ　問3－ア
　　問4－注文請書
【解説】文書による売買契約の締結から履行までを理解する。後日, 「注文をした」「いや, 注文をうけた覚えがない」といったトラブルを防止するため, 注文書と注文請書のやりとりがおこなわれる。
問1　推奨する商品を持参して品質の確認をしているので, 「見本」にあたる。この持参した商品を販売すれば, 「現品」になる。
問2　見込利益率(値入率)は, 仕入原価に対する利幅の比率のことである。利幅は, 営業費と利益に分けられる。
問3　見積書の運賃諸掛欄に「売り主負担」となっている。したがって見積書を作成した今井物産株式会社が負担することになる。
問4　「注文の確認と承諾のための書類」となっているので, 「注文書」に対する「注文請書」となる。

11　ウ
【解説】利付債券の単利最終利回りについて理解

する。

　額面金額に年利率を掛けて利息を計算し，償還差損益(この問題では5円)を償還年数(5年)で割った金額を合計する。

　その金額を買入価格(95円)で割って単利最終利回りを計算する。

12　問1－イ　　問2－ア　　問3－注文書
　　問4－イ
【解説】文書による売買契約の締結から履行までを理解する。

問1　売買契約は買い手の買いたいという申し込みと売り手の承諾によって決まる。売り手の承諾はFAXで行われているので，その日が売買契約の締結日になる。

問2　見積依頼書の「運賃諸掛」欄によれば「売り手負担」となっている。各社の見積もりの結果，12月10日，P通信株式会社からの購入を決定している。

問3　設問の「購入の申し込みを伝える文書」は，買い手が発信する文書「注文書」で，その承諾文書が「注文請書」である。

問4　商品が届いたなら，買い手は，すぐに納品書や注文書控えなどと種類・数量などを照合し，品違いや数量の過不足，さらに輸送中の損傷や変質がないかなどを検査する。これを検収という。

　なお，選択肢ウの呈示とは「示す」ことで，例えば，約束手形の呈示とは，手形の所持人が手形金額の支払いを受けるために，支払銀行に対しておこなうことをいう。

13　問1－ウ　　問2－ア
【解説】デビットカード，電子マネーを理解する。

問1　デビットカードは，買い物をしたり，サービスを受けるとき，既存の銀行や郵便局のキャッシュカードを利用して即時決済を可能にする支払手段である。

　なお，選択肢アのプリペイドカードは，電話・鉄道などで利用されている無記名・前払い式のカードのことである。イのクレジットカードは，加盟店で商品やサービスを受け取ることができるが，その代金や料金は，後に

口座振替の方法で決済される。

問2　電子マネーとは「電子のお金」つまり貨幣の代わりに用いることができる電子的なデータであり，ICカード型電子マネーと，ネットワーク型電子マネーがある。

14　問1－建　　問2－イ　　問3－イ
　　問4－ウ　　問5－円高ドル安
【解説】売買取引の方法と売買計算および小売業者の業態を理解する。

問1　価格を示す基準となる商品の一定数量を建といい，その価格を建値という。

問2　選択肢アのCIF価格は運賃保険料込み価格，ウのC&F価格は海上運賃のみを売り手が負担する運賃込み価格をいう。

問3　12個を1ダース(doz.)，12ダースを1グロス(gr.)という。また，定価の8掛のことを言い換えると「2割引」となる。

問4　アウトレット店のことをアウトレット(商品のはけ口)ショップともいう。なお，選択肢アはコンビニエンスストア，イはディスカウントストアの説明である。

問5　外国為替相場で円の対外価値がドルの価値に対して高くなったので，「円高ドル安」と呼んでいる。

15　問1－ア　　問2－イ　　問3－4,800(円)
【解説】価格を示す基準となる商品の一定数量を「建」という。

問1　定価が1枚¥1,000のTシャツなので2枚だと本来は¥2,000となる。それを¥1,200で販売するので，¥1,200÷¥2,000＝0.6。したがって4割引とわかる。

問2　2枚で¥1,200でも20%の見込利益があるということは仕入原価は2枚で¥1,000。したがって1枚あたりの仕入原価は¥500とわかる。

問3　(8枚÷2枚)×¥1,200＝¥4,800

16　問1－イ　　問2－ウ　　問3－ウ
【解説】単利法と複利法の計算方法に習熟しておく。

問1　設備投資のために必要な資金を設備資金と

いう。また，給料の支払いや原材料の仕入代金などに必要な資金を運転資金という。

問2　単利法では，一定の利率で利息を計算する。
　　　¥10,000,000×2％×3年＝¥600,000

問3　複利法では利息分を元金（元本）に繰り入れて再計算する。
　　　¥10,000,000×1.01×1.01＝¥10,201,000

〔身近な地域のビジネス〕　－p.98－

1　問1－ウ　問2－イ　問3－イ
【解説】地方創生や地域ブランドについて理解を深める。
問1　それぞれの地域で住みやすく活気ある環境を確保して，将来の日本全体を活力あるものにしようとすることを地方創生という。
問2　選択肢アのライドシェアとは自家用車を共有して複数人が移動することである。
問3　地域の特徴を生かした商品やサービスを地域ブランド（地域ブランディング）という。

2　問1－ウ　問2－イ　問3－ア
【解説】商店街やシャッター通り，事業承継や後継者問題について理解を深める。
問3　地域によっては一般小売店の後を継ぐ者がいなくなり，事業承継が深刻な問題になっている。

〔ビジネスに対する心構え〕　－p.100－

1　(1)－直接的
　(2)－○　(3)－尊敬語　(4)－○
　(5)－クーリングオフ
【解説】正しい敬語の使い方やコミュニケーションのあり方について理解を深める。
(1)　文書や印刷物などによるコミュニケーションが間接的コミュニケーションである。
(3)　「見る」の謙譲語は「拝見する」である。
(5)　二つの選択肢があるとき，どちらか一方を選択すれば他方を断念しなければならないという関係をトレードオフという。

2　(1)－エ　(2)－○　(3)－○
　(4)－オ　(5)－○
【解説】ビッグデータやサブスクリプションといった用語の理解を深める。
(4)　位置情報や購買履歴，センサーなどを通じて得られる情報などさまざまな形式で，しかも膨大なデータのことをビッグデータという。

3　(1)－上座（上席）　(2)－丁寧語
　(3)－○　(4)－○　(5)－○
【解説】基本的なビジネスマナーについて理解を深める。
(2)　謙譲語は自分に関することなどをへりくだって表現することで，相手に敬意を表す。
(4)　名刺は両手で受け取るのが原則である。

4　(1)－オ　(2)－エ　(3)－ウ
　(4)－ア　(5)－イ
【解説】環境問題やコミュニケーションなどに関する基本的な用語を理解する。
(2)　ことばを用いてコミュニケーションをおこなう場合には，バーバルコミュニケーションという。

5　(1)－エ　(2)－○　(3)－ウ
　(4)－○　(5)－ア
【解説】お辞儀の種類やコミュニケーションの分類などについて理解を深める。
(4)　自分が関わる行為についてへりくだることで，間接的に相手に敬意をあらわすのは謙譲語である。

6　問1－ア　問2－イ　問3－イ
　問4－イ
【解説】正しい敬語の使い方と名刺交換の方法について理解を深める。
問1　選択肢イでは自分の行為に対して「ご確認」といっているので不適切である。
問2　社内の人間については原則として外部の人間の前では呼び捨てである。
問3　上体を30度倒すお辞儀は普通礼である。ただし，この問題では同じ会社の社員（同僚）とすれ違っているので，上体を15度倒す会釈の

ほうが適切なお辞儀だった。

問4　名刺交換の場合，名刺を差し出すのは目下のものからが原則である。この場合，外部の人に対しては東法さんは先に名刺を差し出すのが原則である。相手の名刺の名前が読みにくい場合に，その読み方を確認するのは失礼にはあたらない。

【模擬試験問題】

第1回　模擬試験問題（各2点）　　－p.105－

1 (1)－ウ　　(2)－エ　　(3)－イ
　(4)－オ　　(5)－ア

【解説】生活用品の種類とその特徴，産業用品の種類とその特徴について理解する。
(1) 専門品は，特定の技術や名声など価格以外の要因も含めて購入を決定するため，他の商品では代替することができない。
(2) ネジなどのように製造・加工することなく製品の一部となるものが部品である。
(3) 買回品は，一般的に価格は高額で購入頻度は低い。
(4) 製品の一部を構成しない事業活動に必要な非耐久財を消耗品という。
(5) 最寄の商店でひんぱんに購入するような比較的安価な商品を最寄品という。

2 (1)－B　　(2)－B　　(3)－A
　(4)－A　　(5)－B

【解説】割引，消費税，外国貨幣の換算，粗利益額の計算を理解する。
(1) 値引き額＝希望小売価格×値引率
　　¥10,000×0.4＝¥4,000
(2) 購入金額×消費税率（10%）
　　¥95,000×0.1＝¥9,500
(3) 換算高＝換算率×被換算高
　　¥120×50＝¥6,000
(4) 粗利益額＝仕入原価×粗利益率
　　¥20,000×0.3＝¥6,000
(5) 値引き前の価格＝売価÷（1－値引率）
　　¥4,000÷（1－0.2）＝¥5,000

3 (1)－ウ　　(2)－ア　　(3)－オ
　(4)－イ　　(5)－エ

【解説】協同組合の企業形態について基本を理解する。
(1) 協同組合の基本理念は「相互扶助」である。
(2) 協同組合の最高意思決定機関は「組合員総会」である。
(3) 組合員の責任は有限責任である。
(4) 協同組合の加入と脱退は原則として自由である。組合員は有限責任しか負わないので原則として脱退しても債権者には影響がないためである。
(5) 消費者が集まって消費生活向上のために組織した協同組合は消費生活協同組合である。COOP（コープ）という名称でも知られる。

4 (1)－オ　　(2)－○　　(3)－○
　(4)－ウ　　(5)－○

【解説】支払手段や自動車輸送などについて理解する。
(1) 主にキャッシュカードで決済することをデビットカードという。
(4) 自動車輸送は，陸上輸送の中心的な輸送方法であり，迅速な輸送ができる。

5 問1－イ　　問2－自給自足（経済）
　問3－ア　　問4－ウ　　問5－イ

【解説】経済のしくみ，特に経済生活の発展を理解する。
問1・2　原始社会は自給自足の経済であった。自給自足の経済では，生産と消費が未分化のために，人びとは生産者であると同時に消費者でもあった。
問3　物品貨幣としては，穀物・布・毛皮・貝などが用いられた。しかし，つねに交換者の希望と種類・数量・条件などが一致するとはかぎらない。そこで交換の不便さを解消するために，交換の媒介物として，産出量が少なく希少価値があり，保存に便利な金属が用いられるようになった。
問4　売買の対象となる有形の物質を商品という。したがって，自分で消費する生産物は商品とはいわない。

問5　生産と消費の三つの隔たりのうち，生産する時期と消費する時期が異なるという隔たりを埋めるはたらきは，倉庫業者（選択肢のイ）が行っている。また，生産する人と消費する人が異なるという隔たりを埋めるはたらきは，売買業者（選択肢のア）が行っている。生産する場所と消費する場所が異なるという隔たりを埋めるはたらきは，運送業者（選択肢のウ）が行っている。

6　問1－ウ　　問2－ウ　　問3－ア
【解説】企業のマーケティングを理解する。
問1　マーケティングの基本は消費者のニーズを的確に把握することである。消費者のニーズに適正に対応することによって，商品（製品）やサービスの売上高を確保することができる。
問2　どんな商品（製品）を販売するか，販売価格はどうするか，流通経路や販売促進はどうするかといったことがらを決めることをマーケティングミックスという。
問3　計画・実行（実施）・評価・改善を繰り返すことをPDCAサイクルという。

7　問1－イ　　問2－イ
【解説】ポイントカードやブランドについて理解を深める。
問1　ポイントカードの発行により，得意客の囲い込みや新規顧客の獲得が可能になることもある。
　　　なお，選択肢ウの暗号資産（仮想通貨）とは，ブロックチェーンという技術を用いてインターネット上でやりとりができる財産的価値のある「電子データ」のことをさす。
問2　A社は衣料品を販売している売買業者なので，そのブランドはプライベートブランドとなる。

8　問1－イ　　問2－総合　　問3－ア
【解説】小売業者の種類と特徴を理解する。
問1　かつては多くの小売業者が一般小売店で，店主がその家族や少数の従業員の労働力に頼って経営している小規模な独立した小売店

であった。一般小売店は，取扱商品によって最寄品店・買回品店・専門品店に分けられる。これらの一般小売店が自然発生的に一定地域に集まって商店街を形成することがあり，その場合には共同でアーケードや街路灯を設置したり，イベントなどをおこなって集客をはかったりすることもある。
問2　百貨店と類似した大規模なスーパーマーケットを総合スーパーという。
問3　セルフサービス方式とは，売り場に店員を配置せずに，顧客が自分で自由に商品を選び，代金はまとめてレジで支払う方式である。選択肢イはボックスストアの説明で，選択肢ウは百貨店や総合スーパー，ショッピングセンターなどにあてはまる説明である。

9　問1－ア　　問2－ア
【解説】コンビニエンスストアの特徴を理解する。
問1　本文に「商品を販売した時点で」とあるように，販売時点での情報管理システムのことで，販売時点情報管理システム（POSシステム＝Point Of Sales system）のことである。なお，ウのEDI（electronic data interchange）は企業間取引における電子データ交換をいう。
問2　小売業者の組織化の例としては，単一資本（同じ企業）によるレギュラーチェーン（コーポレートチェーン），異なる資本（複数の企業）によるボランタリーチェーン，フランチャイズ契約を締結するフランチャイズチェーンがある。問題文はフランチャイズチェーンの説明である。

10　問1－ウ　　問2－480円　　問3－3,000g
　　問4－ア　　問5－ア
【解説】商業経済検定試験では，「取引とビジネス計算」も出題範囲である。電卓は持ち込み不可なので，電卓がなくても正確に計算できるようにしておく。
問1　商品の価格を示す一定数量を建といい，その価格を建値という。建は，商品の種類ごとに取引上の慣習によって決まっており，卸売取引と小売取引とで建が異なる場合もある。例えば，米の場合には，卸売取引では，1俵

（60kg）単位であるが，小売取引では1kg単位で，包装単位には，5 kg・10 kg入りなどがある。

問2　1,000円につき60円の買い物券がついてくるので，買い物券の合計は以下の数式で計算できる。

$$買い物券の合計＝\frac{8,000円}{1,000円}×60円$$
$$＝480円$$

問3　惣菜100gあたり50円で販売しているので，1,500円購入した場合の惣菜のグラム数は以下の数式で計算できる。

$$惣菜の重量合計＝\frac{1,500円}{50円}×100g$$
$$＝3,000g$$

問4　5,000円を購入した顧客には，支払額が4,850円になるように割引率を設定するということは，5,000円に対して150円の割引率を設定するという意味である。

$$割引率＝\frac{5,000円－4,850円}{5,000円}$$
$$＝0.03（3％）$$

問5　11,700円から8,190円を差し引くと3,510円となる。3,510円を11,700円で割ると定価の何割引きで販売しているのか計算できる。

11　問1－小売　　問2－サービス（経済化）

【解説】産業構造とサービス経済化が生まれた背景を理解する。

問1　第三次産業の比重の増加は，経済の発展にともなってみられる構造の変化で，商業・金融・情報やサービスなどのソフト要素の占める割合が経済社会の中で大きくなっていることを表す。

問2　産業構造でサービス業の比率が高まることをサービス経済化という。

12　問1－エ　　問2－ウ　　問3－イ

【解説】代金の決済方法，とくに通貨，プリペイドカード，コード決済，電子マネーを理解する。

問1　クレジットカードは，後払い・記名式である。それに対してプリペイドカードは，前払

い・無記名式である。

問2　コード決済の場合，店舗に大規模な設備を用意しなくてもすむというメリットもある。

問3　交通系ICカードやスマートフォンに一定の金額をチャージして用いるのは電子マネーの一例である。選択肢アは代金引換，選択肢ウは振込（銀行振込）の説明である。

13　問1－見積依頼書　　問2－ウ
　　問3－ア　　問4－ア　　問5－イ

【解説】【Ⅰ】では東西商事株式会社が見積書を検討して，株式会社浦和商事に注文書を発行するまでを取り扱っている。【Ⅱ】では，東西商事株式会社が小切手を振り出して，商品代金が引き落とされるまでを取り扱っている。

問1　取引条件を示して価格を問い合わせる書類は見積依頼書である。

問2　運賃諸掛が「売主負担」となっていることに注意する。

問3　注文請書は売り手が作成して買い手が保管する。

問4　選択肢イは約束手形の説明である。

問5　空欄①には小切手を渡した相手の名称を記入する。ここでは株式会社浦和商事となる。また空欄②には「持参人」があてはまる。

第2回　模擬試験問題（各2点）　　　　－p.117－

1　（1）－ア　　（2）－オ　　（3）－ウ
　　（4）－エ　　（5）－イ

【解説】企業の形態に関する問題である。

（1）無限責任社員のみで構成され，社員全員の合議で経営をおこなうことから合名会社であることがわかる。

（2）国や地方公共団体（公）と民間（私企業）の共同出資なので公私合同企業。

（3）1株1票ということと，出資と経営が分離しやすいという点から株式会社とわかる。

（4）国または地方公共団体（公）のみの出資なので公企業。

（5）有限責任社員のみで構成されているという点

と株式会社よりも簡素なしくみという点から合同会社であることがわかる。

2　(1)－B　　(2)－A　　(3)－A
　　(4)－B　　(5)－A

【解説】物流(物的流通)の諸活動を理解する。
(1) 情報通信業者の活動である。
(2) 倉庫業者の活動であるから物流の諸活動。
(3) 運送業者の活動であるから物流の諸活動。
(4) 生産者の活動である。
(5) 荷役であるから物流の諸活動。

3　(1)－○　　(2)－オ　　(3)－ウ
　　(4)－○　　(5)－○

【解説】物流と計算関連の問題である。新しい出題方式になっており，正しい用語については解答群から選ぶ形式になっている。いずれも基礎的な用語であるため，しっかり理解しておく必要がある。
(1) 21日・22日・23日・24日・25日・26日・27日・28日・29日の9日である。片端入れだと8日となる。
(2) 3円÷1.0％＝300円という計算になる。
(3) 1月1日現在で保有している土地や建物，機械装置に課税される税は固定資産税である。納税額は各市町村が決定する。納付税額を国や地方公共団体が確定する方式を賦課課税制度という。
(4) 貨物を標準化した一定の単位にまとめることで効率化をはかることをユニットロードシステムという。標準化されたパレットの上に貨物を置くことをパレチゼーション，コンテナに貨物を収納することをコンテナリゼーションという。
(5) 一定の品質を示すその商品の通り名のことを銘柄という。ふつう産地名や品種名，商標などが銘柄としても知られる。品種による銘柄としては，「コシヒカリ」や「大納言」などがある。

4　(1)－ウ　　(2)－オ　　(3)－イ
　　(4)－ア　　(5)－エ

【解説】物流(物的流通)活動を理解する。

(1) 輸送(運送)は，生産する場所(生産場所)と消費する場所(消費場所)の隔たりを解消する働きである。
(2) 保管は，生産する時期(生産時期)と消費する時期(消費時期)の隔たりを解消する働きである。
(3) 包装(梱包)は，商品を破損・汚れなどから守り，一定単位にまとめ，輸送しやすくする作業である。
(4) 荷役は，倉庫への出し入れ(入・出庫)や積み替え，積みおろしなどの作業のことである。
(5) 流通加工は，商品の付加価値を高めるためにおこなう，商品の切断・組み立て・ラベルはりなどの簡単な作業のことである。

5　(1)－ウ　　(2)－○　　(3)－○
　　(4)－オ　　(5)－○

【解説】申告納税方式や証券会社の自己売買と委託売買，株式の約定代金などを正確に理解する。
(1) 賦課課税方式とは，納付すべき税額を国や地方公共団体が確定する方式をいう。たとえば市町村が課税する固定資産税については，納税通知書が納税者に送付されてくる。地方税については多くの税が賦課課税方式による。一方，所得税や法人税など多くの国税では申告納税制度が採用されている。
(4) ある期間の日数が何日あるかを計算するとき，期間の始まる日を初日，期間の終わる日を期日または満期日という。日数計算には，初日または期日を算入しない片落とし，初日も期日も算入しない両端落とし，初日も期日も算入する両端入れの3つがある。ここでは初日か満期日のいずれか一方を算入しない日数計算なので，片落としが正しいことになる。
(5) 株式について1株あたりの価格が約定値段で，約定値段に株式数を掛けた金額が約定代金である。ほとんどの場合，証券会社に委託手数料を支払うので，支払総額は約定代金に委託手数料を加算した金額になる。

6　問1－ウ　　問2－均衡

【解説】需要と供給，価格の自動調節機能につい

て理解を深める。

問1　消費者が買いたいと思う欲求の量は需要（量）であり，生産者が売りたいと思う欲求の量は供給（量）である。

問2　需要と供給が一致することを均衡といい，グラフのE点のことを均衡点，均衡のときの価格を均衡価格という。

7 問1－ウ　問2－経営理念

【解説】ビジネスに対する心構えと理念を理解する。

問1　新しいビジネスを創造するために起業家は，起業家（企業家）精神をもって望まなくてはならない。

問2　経営理念は，企業の経営目的を明確にし，目的を実現するために，その組織が共有すべきものの考え方を文章化したものである。

8 問1－ウ　問2－小売　問3－金融
　　問4－(b)

【解説】流通活動とその担当者を理解する。

問1　選択肢から「販売会社」を選択することは容易であろう。設問でいう販売会社は，特定の生産者の専属販売業者（卸売業者）として，その生産者の商品だけを扱うが，生産者の全額出資で設立される場合と，生産者と卸売商の共同出資で設立される場合とがある。

問2　売買業者は，卸売業者と小売業者に分けられる。

問3　資金を融通するビジネスを，金融という。

問4　トランクルーム（trunk room）の意味が難解と思う。選択肢が，運送業者，倉庫業者，保険業者，情報通信業者である。しかし，トランクの意味，例えば，車のトランク（座席後部の荷物入れ）や旅行用のかばん（トランク）などから推理して解答が導かれるであろう。トランクルームとは，都市倉庫の一種で，個人の家財道具・高級毛皮・磁気テープ類の保管などに利用されている。

9 問1－ウ　問2－損害　問3－ウ

【解説】保険業務と保険用語を理解する。

問1　保険事故が生じた場合に受け取るのが保険

金で，本文の「あらかじめ一定の資金を出しあって」に該当するのが保険料のことである。保険事故が生じた場合に，保険業者が支払う最高限度額のことを保険金額という。

問2　普通保険は希望によってだれでも任意に加入できる一般の保険で，対象とする危険の種類によって，損害保険と生命保険に大別できる。

問3　保険事故が発生した場合に，その損害を保険者から填補される最高限度の契約金額を保険金額という。一方，保険の目的の価値の見積額を保険価額という。

10 問1－為替　問2－当座貸越　問3－ア

【解説】普通銀行の業務を中心に理解する。

問1　銀行の三大業務（固有業務）には，①預金業務，②貸出業務，③為替業務がある。これらの三大業務のほかに，銀行業務の多様化で，付随業務が増えている。

問2　貸し付けには，①手形貸付（本文の「銀行あての約束手形を振り出させて」融資する），②証書貸付（本文の「借用証書をとって」融資する），③当座貸越がある。

問3　手形の割引日から支払期日までの利息相当分が割引料で，手形金額から割引料を差し引いた金額のことを手取金という。

11 問1－ウ　問2－イ　問3－合資会社

【解説】企業の出資方法と企業形態を理解する。

問1　出資者が企業に対して負う責任の範囲には，有限責任と無限責任がある。両者の相違は，企業が所有する財産以上の負債を負い，これを返済しきれないで解散する場合にはっきりあらわれる。有限責任の出資者は，自分が出資した部分についてだけの負担ですむが，無限責任の出資者は，企業が返済しきれない負債について，追加支払いの義務を負わなければならない。

問2　株式会社の出資者（所有）と経営者（経営）が分離することを，出資（所有）と経営の分離という。

問3　合資会社は無限責任社員のほかに，自分の出資金を限度とする有限責任社員を加えて設

立される。したがって合資会社は，２人以上の無限責任社員の出資による合名会社よりも出資金を多く集めることができる。しかし，無限責任社員を必要とすることから，やはり企業規模は比較的小さい会社が多い。

12 問１－イ　　　問２－ア
【解説】外国為替相場の意味を理解する。
問１　ある国の通貨を別の国の通貨におきかえることを貨幣の換算といい，ある国の通貨１単位を他の国の通貨に交換する場合の比率を外国為替相場という。現在，日本の場合，外国為替相場は市場の需給関係によって変動しており，これを変動為替相場という。
問２　１ドル＝120円60銭とは，１ドルを120円60銭で交換できるという意味である。前日はそれよりも70銭円高だったことが問題から読み取れるので，１ドルは70銭安く円で交換できたはずだと考えればよい。
120.6円－0.7円＝119.9円(119円90銭)

13 問１－ウ　　　問２－イ　　　問３－ア
　　問４－ウ　　　問５－イ　　　問６－イ
【解説】〔Ⅰ〕では東海商事株式会社が２社に見積依頼書を発送して，近畿産業株式会社に注文，３Ｄプリンタを納入するまでを取り扱っている。〔Ⅱ〕では，東海商事株式会社が約束手形を振り出し，受け取った近畿産業株式会社が裏書譲渡するまでを取り扱っている。
問１　見積書を作成したのは，近畿産業株式会社で，受け取ったのは東海商事株式会社である。
問２　商品の受け取りの証拠となるのは，商品受取書(物品受領書)である。納品書は近畿産業株式会社が作成する。
問３　東海商事株式会社が振出人で，受取人は近畿産業株式会社である。
問４　裏書譲渡したのは近畿産業株式会社で，裏書譲渡された者(被裏書人)は，株式会社令和銀行神戸支店となる。
問５　小切手の線引きは，振出人でも受取人(所持人)でもできる。
問６　小切手の呈示は，原則として，振出日の翌

日から起算して10日以内におこなうが，最終日が銀行休業日の場合には，次の営業日まで延長される。

第３回　模擬試験問題(各２点)　　　－p.129－

1 (1)－ウ　　　(2)－ア　　　(3)－エ
　(4)－オ　　　(5)－イ
【解説】業態別の小売業者の特徴を理解する。
(1)　日曜大工用品や住宅関連の商品を取り扱うという語句からホームセンターと判断する。
(2)　鮮魚・青果・精肉を取り扱い，大量仕入と大量販売をおこなうという語句からスーパーマーケットと判断する。
(3)　医薬品と健康用品などを取り扱っていることからドラッグストアと判断する。
(4)　「割引」を英語でディスカウントという。
(5)　「部門」を英語でデパートメントという。

2 (1)－A　　　(2)－B　　　(3)－B
　(4)－B　　　(5)－B
【解説】小売業者の活動について理解する。
(2)　(3)卸売業者の活動である。
(4)　生産者の活動である。
(5)　開発業者(ディベロッパー)の活動である。

3 (1)－オ　　　(2)－ウ　　　(3)－エ
　(4)－ア　　　(5)－イ
【解説】お辞儀の分類や複利終価の総和などについて正確に理解する。
(5)　最終期末における積立金または年金の複利終価の総和(合計額)を複利年金終価という。

4 (1)－ア　　　(2)－エ　　　(3)－イ
　(4)－ウ　　　(5)－オ
【解説】慣習的様式による商品の分類とブランドの種類について理解を深める。
(1)　製造業者が自ら企画・開発し，自社のブランド名をつけた商品をナショナルブランドという。一般に「国民的に」知名度のある商品が多いことから「ナショナル」と呼ばれている。
(2)　売買業者と製造業者が共同で企画・開発し，

売買業者(卸売商や小売商)のブランドで販売している商品をプライベートブランド商品という。

(3) 「最寄り」で購入することが多いことから「最寄品」と呼ばれる。

(4) 製品の一部を構成し，製造や加工の過程で形を変えたり，変化するものを原材料という。ネジやタイヤは形を変えないので「部品」となる。

(5) 専門品には高価なものが多く，あらかじめ入念な選択がなされる。ピアノなどの楽器の多くは専門品である。

⑤ (1)—○　　(2)—エ　　(3)—ア
　　(4)—オ　　(5)—○

【解説】主な代金決済方法を理解する。

(1) 電気料金や水道料金，また保険料や家賃，NHK受信料などもあらかじめ登録した金融機関の口座から自動的に支払うしくみのことを口座振替という。

(4) 小切手の表面の二本線のなかに特定の銀行名を記入したものを特定線引小切手という。一般線引小切手よりも支払先をさらに限定しているので，より安全といえる。

(5) $¥500,000×2\%×\dfrac{6か月}{12か月}=¥5,000$

$¥500,000+¥5,000=¥505,000$

⑥ 問1—ア　　問2—12(回)　　問3—ウ
　　問4—イ

【解説】卸売業者の役割を理解する。

問1 卸売業者が在庫を保有することによって，小売業者がそれぞれ保有する在庫が減少し，その結果，小売業者は価格変動や賞味期限切れなどのリスクを抱え込まなくてよくなる。

問2 生産者6社と卸売業者の取引総数は6となり，卸売業者は小売業者6社と取引するので，取引総数は6となる。流通経路全体でみると，取引総数は6+6=12となる。

問3 電子データで受発注の情報をやりとりすることをEDI(電子データ交換)という。

問4 特定の貨物だけを保管するのが特別倉庫で，トラックが荷物を積み替える場所がト　ラックターミナルである。

⑦ 問1—イ　　問2—ウ　　問3—ウ

【解説】ワンストップショッピングと販売促進(プロモーション)政策について理解する。

問1 ワンストップショッピングとは，多種類の商品を一つの場所(店舗あるいは商業施設)でまとめて買い物ができることをいう。百貨店のほかに総合スーパーやショッピングセンターなどでもワンストップショッピングが可能である。選択肢ウのホームショッピングとは，自宅でテレビやカタログ，インターネットなどを利用して買い物をすることである。

問2 消費者の欲求や要望のことをニーズあるいは消費者ニーズという。ニーズを充足させる商品やサービスを提供すれば顧客満足につながる。

問3 広告や販売員活動などのことを販売促進あるいはプロモーションという。商品情報などを消費者に提供し，需要を喚起することが目的である。

⑧ 問1—イ　　問2—ア　　問3—ウ

【解説】小売業者の組織化の方法について理解する。

問1 ボランタリーチェーンは，各地に散在する中小規模の小売業者がそれぞれの独立性を維持しながら共同して大きな組織をつくり，その本部で仕入活動や広告をおこなって，レギュラーチェーン(コーポレートチェーン)の長所を取り入れようとするものである。

食料品・衣料品・家具・薬品・化粧品など多くの分野でボランタリーチェーンが組織されている。なお，選択肢アはレギュラーチェーン(コーポレートチェーン)，選択肢ウはフランチャイズチェーンの説明である。

問2 フランチャイズチェーンは，自己の商品に特色をもった企業や，独自の営業方法を開発した企業がフランチャイザー(本部)となって，フランチャイジー(加盟店)を集め，自己の商標などを使用させ，同一性のイメージのもとに事業展開をおこなっている。その代償として加盟店は，本部にロイヤリティなど

を支払うシステムである。フランチャイズチェーンの形態をとる代表的なものには，コンビニエンスストアがある。

問3　ショッピングセンターは，専門の開発業者（ディベロッパー）のもとに建設・運営される計画的な小売業・飲食業その他のサービス事業などの商業施設であり，消費者にワンストップショッピングの利便を提供するものである。また，選択肢アの流通センターは，大都市の高速自動車道路のインターチェンジ付近に設けられ，トラックターミナル，倉庫団地，卸総合センターなどの流通施設を集合した流通の一大拠点である。イの専門店は，主として買回品または専門品のうち，特定の商品に絞って，品ぞろえの奥行きを深くし，各種のサービスに努めている小売業者である。

9　問1－私企業　　問2－ア　　問3－イ
【解説】企業形態と，その特徴を理解する。
問1　企業形態は，出資者の責任範囲や人数，あるいは出資者がだれかによって分類できる。出資者がだれかによる分類では，①私企業―民間の個人や団体による出資，②公企業―国や地方公共団体による出資，③公私合同企業―国や地方公共団体と民間の個人や団体による出資，がある。
問2　株式会社の出資者は，株主と呼ばれ，すべて有限責任である。出資者を社員と呼ぶのは，合名会社，合資会社，有限会社と，会社法で新設された合同会社である。
問3　協同組合の組合員の議決権は，出資額に関係なく一人1票である。また，選択肢ウの「出資額に応じた議決権」は，株式会社（有限会社も含む）の場合である。

10　問1－(a)　　問2－ア
【解説】物流業者の種類と特徴を理解する。
問1　輸送業者のなかで国内貨物の取扱量（輸送トンキロ）が多いのは，自動車輸送業者である。貨物輸送は1965（昭和40）年度には，1,857億トンキロあり，その割合は，①船舶（内航海運）が43.4％，②鉄道30.5％，③自動車が26.1％，④航空が0.01％であった。それが現

在では自動車輸送が約50％，船舶輸送が約43％，鉄道輸送が約5％となっている。自動車輸送は短距離から中・長距離まで，また戸別から戸別までの一貫輸送ができることが特徴である。二酸化炭素の排出量が多いことが欠点とされていたが，鉄道輸送や船舶輸送との組み合わせによるモーダルシフトやハイブリッド車の利用なども進んできている。
問2　倉庫は，所有上の違いにより自家倉庫と営業倉庫に大別できる。営業倉庫は，一定の料金をとって，他人のために貨物を保管することを専門の事業とする倉庫業者が経営する倉庫である。そのほかに，農業協同組合や漁業協同組合などが経営する組合倉庫，国や地方公共団体などの公営倉庫がある。選択肢イの特別倉庫は，米や冷凍魚類など特定の貨物だけを保管する倉庫である。また，ウの保税倉庫は，輸入手続きがすまない国際貨物を保管する倉庫のことである。

11　問1－ア　　問2－ア　　問3－ウ
【解説】売買契約と売買取引の方法を理解する。
問1　一方の申し込みに対して，相手方がそれを承諾することによって売買契約を成立させることを締結といい，成立した契約内容を実行することを履行という。
問2　買い手の指定する場所に商品を持ち込むまでの費用をすべて売り手が負担する条件の価格が持込価格（持ち込み渡し価格）で，戸口から戸口に商品を運ぶことができる自動車輸送の場合に多い条件である。選択肢イはCIF（運賃保険料込み）価格，選択肢ウは現場渡し価格の説明である。
問3　売り手の責任で売買契約が解約された場合には，手付金の2倍を買い手に返還する。

12　問1－28,000（円）　　問2－48,000（円）
【解説】問1では値引率が3割（30％）の場合の実売価の計算を取り扱っている。問2では，複数の商品を販売した場合の合計金額の計算を取り扱っている。
問1　￥40,000×（1－0.3）＝￥28,000
問2　￥20,000＋￥7,000×4組＝￥48,000

13 問１－注文請書　　問２－ア　　問３－イ
　　問４－イ　　問５－ア
【解説】〔Ⅰ〕では大阪商事株式会社が３社に見積
　　　　書の発行を依頼し，商品が納入されるま
　　　　でを取り扱っている。〔Ⅱ〕では納品後，大
　　　　阪商事株式会社が小切手を振り出すまで
　　　　を取り扱っている。
問１　注文書の発信者は大阪商事株式会社で，受
　　　信者は北海道商会株式会社である。したがっ
　　　て，注文書を受け取った北海道商会株式会社
　　　は，注文請書を作成して大阪商事株式会社に
　　　送付する。
問２　注文書のあて名先としては「御中」とあるの
　　　で　①　に「北海道商会株式会社」が記入さ
　　　れることがわかる。　②　には注文書の作
　　　成者である「大阪商事株式会社」が記入され
　　　る。注文書と注文請書はワンライティングシ
　　　ステムで作成されることが多い。
問３　検収とは，注文した商品が買い手に到着し
　　　たときに，ただちに納品書や注文書控えと品
　　　目・数量などを照合し，同時に輸送中の損傷
　　　や変質がないかなどを検査することである。
問４　小切手を用いることで，現金を持ち運ぶ必
　　　要性がなくなり，盗難や紛失による損害を未
　　　然に防止することができる。選択肢アは約束
　　　手形をさし，選択肢ウは為替手形をさしてい
　　　る。
問５　大阪商事株式会社が小切手を振り出してい
　　　るので，②には「振出人」と記載されている。
　　　また小切手は持参払いのため，①には「持参
　　　人」と記載されている。

第４回　模擬試験問題（各２点）　　　－p.141－

1　(1)－エ　　(2)－ウ　　(3)－ア
　　(4)－イ　　(5)－オ
【解説】金融機関の種類と業務内容を理解する。
(1)・(2)　金融機関を大別すると，①中央銀行で
　　ある日本銀行，②民間金融機関，③特別な法
　　律に基づく政府出資の政府系金融機関があ
　　る。民間金融機関の代表的なものが普通銀行
　　である。普通銀行の三大業務には，①預金業

務（受信業務）－広く一般から余裕資金を預か
　　る業務，②貸出業務（与信業務），③為替業務
　　がある。
(3)　日本銀行は，①税金などの国の歳入を政府の
　　預金として受け入れ，財政資金の支払いや国
　　債の引き受け・利払い・償還などの業務を行
　　うので政府の銀行，②普通銀行などの市中金
　　融機関に対して預金や貸し出し，金融政策な
　　どを行うので銀行の銀行，③日本銀行券を発
　　行するので発券銀行といわれる。
(4)　株式や社債が発行されるときに発行者の委託
　　によって募集業務の代行や発行された株式や
　　社債の引受業務などを証券会社はおこなう。
　　このとき募集代行業務をセリング業務，引受
　　業務をアンダーライティング業務ということ
　　もある。これに加えて，投資家の注文を受
　　けて証券取引所に取り次ぐ委託売買業務（ブ
　　ローカー業務）や自己資金で株式や社債の売
　　買をおこなう自己売買業務（ディーリング業
　　務）などもおこなう。
(5)　民間の保険会社には，①人の生死に関して，
　　経済上の不安を取り除くことを目的としたビ
　　ジネスを担当する生命保険会社と，②主とし
　　て各種の財産上に生じる，偶然の事故による
　　損害を補償することを目的としたビジネスを
　　担当する損害保険会社がある。

2　(1)－B　　(2)－A　　(3)－A
　　(4)－A　　(5)－B
【解説】物流活動の内容を理解する。
(1)　売買
(2)　包装
(3)　荷役
(4)　流通加工
(5)　保険，の説明である。なお，物流活動には，
　　設問の解答肢以外に，運送（輸送）と保管があ
　　る。

3　(1)－イ　　(2)－ア　　(3)－ウ
　　(4)－オ　　(5)－エ
【解説】日本における「雇用形態の特徴」も試験で
　　　　はたびたび出題されているので，この問
　　　　題でその概要を理解する。

20

(3) 終身雇用制度と年功序列型賃金がわが国の雇用形態の特徴だったが，最近では業務の結果を賃金に反映させる成果主義も取り入れる企業が増えてきている。

(5) 業務内容に応じて対価を定め，正規雇用と非正規雇用の待遇の均等を図る考え方を同一労働同一賃金という。

4 (1)－複利法　　(2)－生命保険
　　(3)－CIF価格　　(4)－B to C　　(5)－○
【解説】単利法や生命保険，CIF価格などについて理解する。

(1) 一定の期間ごとに利息を元金に繰り入れて，その元利合計を次期の元金として利息を計算していく方法を複利法という。一方，単利法は元金に対して一定の割合で利息を計算する方法である。

(2) 生命保険には，死亡保険，生存保険，貯蓄をかねた養老保険などがある。傷害保険は損害保険の一種である。

(4) 企業と消費者との電子商取引をBusiness to Consumerを略してB to Cという。C to Cは，オークションなど一般消費者間の電子商取引のことを指す。

5 問１－ウ　　問２－イ
【解説】環境問題と企業の社会的責任(CSR)の考え方を理解する。

問１　選択肢アの"reuse"は再使用，イの"recycle"は再資源化の意味がある。

問２　社会全体の利益を考慮してマーケティングをおこなうことは，企業の社会的責任(CSR)のあらわれといえる。

6 問１－株主　　問２－株主総会　　問３－ア
　　問４－ア
【解説】株式会社のしくみを理解する。

問１　合名会社や合資会社の出資者を社員と呼ぶが，株式会社の出資者のことは株主という。

問２　株式会社の最高意思決定機関は株主総会である。

問３　選択肢イの社会規範は法・道徳・慣習・宗教上の戒律などのことで，ウの寄付行為は財団法人の根本原則のことである。

問４　証券取引所で自由に株式を売買できるようにすることを上場といい，上場した株式会社のことを上場会社ということもある。

7 問１－イ　　問２－イ　　問３－ア
　　問４－イ
【解説】一般小売店とボランタリーチェーンについて理解を深める。

問１　多くの小売業者は一般小売店で，店主(個人事業主)がその家族や少数の従業員の労働力に頼って経営している小規模な独立した小売店である。

問２　業態店は買い物目的や購買方法からの分類で，業種店は鮮魚店・洋品店・家具店など商品の特性による分類である。業際化は，従来の産業分類・業種区分では分類できない新しい形態の産業・業種が生まれていることをいう。例えば，ガソリンスタンドがコンビニエンスストアを経営したり，書店がDVDなどのレンタル業務などをおこなうことをいう。

問３　選択肢イはレギュラーチェーン(コーポレートチェーン)の説明で，選択肢ウはフランチャイズチェーンの説明である。

問４　選択肢アのSPAはユニクロのような製造小売業のことで，ウのデベロッパーはショッピングセンターの開発業者のことである。

8 問１－イ　　問２－ウ　　問３－ウ
　　問４－ア
【解説】情報の収集について理解を深める。

問１　山田さんと上司が直接会って，業務について語っているので，フォーマルコミュニケーションであり，直接的コミュニケーションである。選択肢にはフォーマルコミュニケーションがないので「イ」が正解となる。

問２　選択肢アは官公庁が発行している白書類の特徴である。選択肢イは専門書や学術書といった書籍や専門誌や学術誌などの雑誌にあてはまる特徴である。

問３　みずから実施するアンケート調査は，一次情報であり，情報の独自性や信頼性も自分で見きわめることができる。しかし，アンケー

ト調査は一般に時間と費用がかかることが多い。

問4　選択肢イはテレビやラジオなどにあてはまる特徴である。選択肢ウは書籍や雑誌にあてはまる特徴である。インターネットを利用すると短時間に大量の情報を収集することができるが，なかにはフェイクニュース（偽のニュース）などもあるので，その信頼性や正確性を見極めなければならない。

9　問1－イ　　問2－ウ
【解説】ビジネスに対する心構えと理念を理解する。

問1　ビジネス活動を円滑にすすめるために，職場には守らなければならないルールがあり，選択肢アの就業規則が定められている。また，新しいビジネスを起こすことは，失敗する危険性も伴うが，それでも新しいビジネスを実現しようとする強い意思をもって実行に移す勇気や情熱が，ウの起業家精神にほかならない。

問2　労働三法とよばれる労働基準法・労働組合法・労働関係調整法のうち，労働条件における最低限度を定めた法律は労働基準法となる。労働組合法は，労働者が企業との交渉で対等な立場にたつことを促進するために制定された法律である。

　　社会保険制度のうち，病気やけがをしたときに治療費の給付をする制度は健康保険制度である。従業員だけではなく，その家族にも健康保険の給付がおこなわれる。原則として健康保険料の半額を従業員が支払い，残りの半額を企業が負担する。介護保険は，介護が必要になったときに介護費用の給付をする制度で，40歳以上65歳未満の従業員は，健康保険料とともに保険料を納付する。

10　問1－自動車　　問2－荷役
【解説】物流業者のビジネスを理解する。
問1　運送は，その通路の違いによって，①陸上運送（鉄道運送・自動車運送），②水上運送（海上運送），③航空運送，に大別できる。陸揚げされたマグロを含む商品は，主に自動車に

よって卸売市場に運ばれる。

問2　商品を保管する場合には，必然的に入出庫の際に荷役作業を伴う。また，倉庫内の商品の移動や貨車で貨物を輸送する際に荷役作業が伴う。

11　問1－ア　　問2－イ　　問3－イ
【解説】売買取引の方法，特に代金の受け払い方法を理解する。
問1　引き換え払いは，商品の受け渡しと同時に現金や小切手で代金を支払う方法である。現金払いともいう。
問2　普通預金と定期預金を組み合わせ，さらに借り入れ機能などをもつ口座を総合口座という。また，QRコードやバーコードをスマートフォンなど携帯端末で読み取って決済することをコード決済あるいはQRコード決済などという。
問3　売り手の都合で売買契約が解約された場合は，手付金の2倍を売り手は買い手に返却する。逆に買い手の都合で売買契約が解約された場合は，手付金はそのまま売り手のものになる。

12　問1－200（円）　　問2－ウ
【解説】値入率5％の商品の仕入原価の計算方法を理解する。
問1　$210円 \times \dfrac{1}{1.05} = 200円$

問2　$500円 \times \dfrac{8\,\text{kg}}{2\,\text{kg}} = 2,000円$

13　問1－イ　　問2－ア　　問3－イ
　　問4－イ　　問5－イ　　問6－不渡手形
　　問7－ウ
【解説】〔Ⅰ〕では山田燃料店が東西物産株式会社の説明を受けてから見積依頼書を発行し，注文するまでを取り扱っている。〔Ⅱ〕では納品後，東西物産株式会社が受け取った約束手形を西日本製造株式会社に裏書譲渡し，決済されるまでを取り扱っている。
問1　カタログやプレゼンテーションを用いて商品説明をおこなうのは，営業部の職能である。

問2　見積もりを依頼する文書を見積依頼書という。見積もりの依頼については，新しい取引先と取引をする場合や，大口取引をおこなうとき，商品の価格がたえず変動して正確に価格を知ることができない場合などにおこなわれる。

問3　東西物産株式会社の見積書と南北商事株式会社の見積書をそれぞれ比較検討する。選択肢アについては，東西物産株式会社のほうが着荷後7日以内で，南北商事株式会社のほうが着荷後10日以内だから，南北商事株式会社のほうが支払いが遅い分だけ有利な条件といえる。選択肢イについては，東西物産株式会社の合計金額が¥1,000,000，南北商事株式会社の合計金額が¥1,017,000となり，東西物産株式会社のほうが安い。選択肢ウについては，東西物産株式会社の納入期日が令和〇年10月31日で，南北商事株式会社の納入期日が令和〇年10月29日なので南北商事株式会社のほうが早いことがわかる。

問4　数日後に「注文請書」を受け取っているので，先立って「注文書」を発行していることがわかる。また，見積依頼書⇒見積書⇒注文書⇒注文請書という流れからも解答を選ぶことが可能である。

問5　山田燃料店が防火窓の商品代金として約束手形を振り出しているので，②には山田燃料店が入る。また，受取人（指図人）は東西物産株式会社である。

問6　約束手形の満期日（支払期日）に振出人の当座預金残高（または当座借越限度額）が不足していた場合には，その手形の支払いは拒絶される。この手形を不渡手形という。

問7　東西物産株式会社は11月17日に山田燃料店から受け取っていた約束手形を西日本製造株式会社に裏書譲渡している。「被裏書人」とは「裏書譲渡された人」という意味なので，③には西日本製造株式会社が入る。

第37回商業経済検定試験
ビジネス基礎模範解答 (各2点)

1

	(1)	(2)	(3)	(4)	(5)
	ウ	ア	イ	オ	エ

2

	(1)	(2)	(3)	(4)	(5)
	B	A	B	B	A

3

	(1)	(2)	(3)	(4)	(5)
	エ	オ	イ	ア	ウ

4

	(1)	(2)	(3)	(4)	(5)
	○	○	イ	○	オ

(2は，すべてに同一の記号を記入した場合は5問全部を無効としてください。
4は，すべてに○を記入した場合は5問全部を無効としてください。)

1〜4小計

得 点

40

5

	問1	問2	問3	問4	問5
	ウ	イ	イ	ア	ア

6

	問1	問2			
	ア	S	D	G	s

14

7

	問1	問2	問3							
	ウ	イ	フ	ラ	ン	チ	ャ	イ	ズ	チェーン

6

8

	問1	問2	問3
	ウ	ウ	イ

9

	問1	問2		
	ア	為	替	業務

10

10

	問1	問2	問3
	ア	イ	ウ

11

	問1	問2	問3
	イ	ウ	ウ

12

12

	問1	問2		問3
	ア	株	主	ア

6

13

	問1	問2	問3			問4	問5	問6
	ア	イ	注	文	書	イ	ウ	200円

12

総得点

100

【解説】

1

(1) 商品が生産されてから，消費されるまでには時間的なズレがある。そのズレを調整するのが保管である。単に商品を倉庫に保管するだけではなく，商品を物理的に管理して，商品の価値が落ちないようにする。たとえば生鮮食料品を保管する場合には，冷蔵倉庫などを利用する。

(2) ある地点から別の地点まで商品を移動させる活動を輸送という。国内ではトラックがよく利用されているが，二酸化炭素の排出量が多いため，船舶や鉄道と組み合わせたモーダルシフトが利用されるようになってきている。

(3) 流通の過程でおこなわれる，商品の価値を高める小分けやラベル貼り，詰め合わせ，組み立てといった加工全般を流通加工という。

(4) 商品の破損・変質・減量などを防ぐために，容器に商品を格納したり，商品の移動を効率化するために同じ大きさの容器に商品を格納したりすることを包装という。

(5) 流通の過程でコンピュータなどを利用して，どこに何がどれだけあるのか，何をどこまで運ぶのかなどを管理することを情報管理または情報処理という。

2

(1) 賃金の支払いは，毎期繰り返される通常の支出なので運転資金に分類される。

(2) 土地や建物などの固定資産に投下される資金は設備資金である。

(3) 水道料金や電気料金の支払いは毎期繰り返される通常の支出なので運転資金に分類される。

(4) 商品売買業では商品の仕入れや手形代金の決済は毎期繰り返される通常の支出なので運転資金に分類される。

(5) 機械装置や備品などの固定資産に投下される資金は設備資金である。

3

(1) 「部門」（デパートメント）ごとに売り場を設けて，高級品を「対面販売方式」で販売しているという特徴から，百貨店であることがわかる。5つの選択肢のうち，ホームセンター・ドラッグストア・総合スーパーは対面販売方式を採用していない。

(2) 食料品や衣料品を中心に総合的な品揃えで低価格販売をおこなう大規模な小売業者は，総合スーパーである。食料品や衣料品を中心に「総合的な品揃え」という条件から，ホームセンターやドラッグストアではないことがわかる。

(3) 医薬品や化粧品を中心に品揃えをおこなっている小売業者は，ドラッグストアである。

(4) 日曜大工品や園芸用品を中心に品揃えをおこなっている小売業者は，ホームセンターである。

(5) 商品の生産から卸売・小売までを一体化し，販売現場の売れ筋商品を企画に反映させたり，売れ筋商品の情報を生産現場と直結させて商品開発や在庫調整に活用したりする業態をSPAという。卸売業者や小売業者などを省略することができるので，高い利益率を確保することもできる。

4

(1) 政府発行貨幣は硬貨ともいい，1回の取引につきが額面金額の20倍までを硬貨で支払うことができる。たとえば100円の商品を5円玉20枚で購入することはできるが，105円の商品を5円玉21枚で購入しようとする場合には，小売業者に了承を得る必要がある。

(2) 四捨五入・切り上げ・切り捨てなど端数処理をおこなってあらわされる数のことを概数という。

(3) 一定の期間ごとに利息を元金に繰り入れて，その元利合計を次期の元金として利息を計算していく方法を複利法という。単利法の場合には，元金に対して一定の割合で利息を計算し，利息を元金に繰り入れることはしない。

(4) 2本線の中に特定の銀行名を記入した小切手を特定線引小切手という。特定線引小切手の場合には，小切手の表面で指定された銀行以外には支払いをおこなわないので，小切手の不正利用を一定程度防止できる。

(5) 財務諸表が適正に作成されていることを公認会計士や監査法人が確認することを会計監査という。一定の規模以上の会社には，会計監査が法律で義務となっている。

5

問1　人と人とが直接向き合って，言葉や身ぶり・合図などによってコミュニケーションをはかるのが直接的コミュニケーションで，文書や印刷物，電子メールなど情報通信機器を介在させてコミュニケーションをとることを間接的コミュニケーションという。選択肢アと選択肢イは直接的コミュニケーションの例である。

問2　上体を45度倒すお辞儀のことを最敬礼という。

問3　「召し上がる」は，「食べる」の尊敬語で，目上の相手に対して用いる敬語である。選択肢アは，自分自身に尊敬語を用いているので適切ではない。

　　　選択肢イの「いらっしゃいました」は，「来る」の尊敬語で，お客様に対して用いているので適切である。

　　　「申し上げる」は，「言う」の謙譲語で，自分自身がへりくだって，相手をたてる敬語である。選択肢ウでは，お客様に謙譲語を用いることになるので適切ではない。「お客様がおっしゃいました」という尊敬語を用いる表現が正しい。なお，「お客様がおっしゃられました」という表現だと，「おっしゃる」と「られる」の尊敬語が重複しているので二重敬語となり，適切ではなくなる。

問4　仕事上の正規の組織の枠組みにとらわれない自然発生的なコミュニケーションをインフォーマルコミュニケーションという。

問5　「絶えず発生する膨大な情報」なので，ビッグデータが適切である。フェイクニュースは，偽の情報や誤った情報であり，IoTはモノがインターネットに接続され，相互に情報のやりとりをおこなうことである。

6

問1　ゴミを出さないように抑制しているので，廃棄物の発生抑制（リデュース）が適切である。

問2　2015（平成27）年9月に国連のサミットで定められた国際目標は，SDGsである。持続可能な世界を実現することが目的である。

7

問1　商品のバーコードをスキャナで読み取り，販売時点で何がどれだけ売れたのかを把握するシステムをPOSシステムという。

問2　イオングループのトップバリュなどのように，小売業者がつけるブランドをプライベートブランドという。選択肢アのように製造業者がつけるブランドのことをナショナルブランドという。

問3　本部（フランチャイザー）が加盟店（フランチャイジー）を募集し，自己の商号の使用を認め，同一のイメージのもとに事業をおこなう権利を与え，その対価として一定のロイヤリティを受け取るチェーンをフランチャイズチェーンという。

8

問1　保険会社など保険を引き受ける機関を保険者という。選択肢アの被保険者とは，保険事故が発生すれば経済的損失をこうむる者のことであり，選択肢ウの保険契約者とは，保険契約の当事者である。この保険契約者が保険会社に保険料を支払うことになる。被保険者と保険契約者は多くの場合同一だが，必ずしも常に同一人物というわけではない。

問2　保険事故が発生して損害をこうむった被保険者に支払われる救済資金を保険金という。

問3　財産を対象とする保険は損害保険であり，人の死亡や疾病にともなって生じる経済上の不安を取り除くことを目的とした保険は生命保険である。

9

問1　普通銀行の業務のうち，広く一般から余裕資金を預かる業務を預金業務または与信業務という。

問2　遠隔地への送金などを引き受ける業務を為

替業務という。

10

問1　企業活動で目指す理想や目標のことを経営理念という。

問2　一定の金額を支払えば，あらかじめ決められている一定の期間にわたり，動画配信サービスや音楽配信サービスなどを楽しめる権利のことをサブスクリプションという。

　　　問題文で示されている事例は「洋服のサブスク」とも呼ばれ，衣服を買いにいく時間がない人や衣料品の収納スペースに困っている人などに利用されている。問題文は，30万着以上のアイテムを揃えている株式会社エアークローゼットの事例である。

問3　選択肢アは，「自分が選んだ服」となっているのが不適切である。問題文にもあるように，プロのスタイリストがその顧客にあわせて洋服を選んでいる。選択肢イは「子どものファッションをターゲット」という文章が不適切である。問題文にもあるようにA社は，女性向け月額性ファッションレンタルサービスを展開している。したがって，選択肢ウが最も適切である。

11

問1　製品政策・価格政策・流通政策・プロモーション政策を適切に組み合わせることをマーケティングミックスという。

問2　従業員が仕事中や通勤途中で災害にあった場合に給付する制度を労災保険といい，31日以上の雇用見込みがあり，1週間の所定労働時間が20時間以上であれば，非正規社員も加入できる。保険料の全額を企業が負担する。

問3　給料や賞与とは別に企業が従業員やその家族に利益や満足をもたらすためにおこなう制度は，福利厚生制度である。レクリエーションや社員旅行の会社負担以外に，自社商品の社員割引制度や社内貸付金制度などがある。

12

問1　東京ディズニーランドの事例である。土曜・日曜・祝日の1日利用券の価格を高く設定す

ることによって，来場客が分散するとともに，新型コロナウイルス感染症（COVID－19）の感染防止対策にもなっている。選択肢イについては，高価格設定だからといって，注目度が集まるわけでも出資者が増えるわけでもないので適切ではないと判断できる。また，選択肢ウについて，富裕層をターゲットにするのであれば，平日も高価格設定でなければおかしいので適切とはいえない。

問2　株式会社の株式を保有している人あるいは企業のことを株主という。

問3　株式の売買が成立したときの価額を約定代金という。約定代金と証券会社に支払う株式売買委託手数料の合計が支払総額である。

13

問1　商品の品質や数量，受け渡し時期などを決定したうえで，価格を問い合わせる書類を見積依頼書という。選択肢イは，商品受取書または物品受領書で，選択肢ウは請求書のことである。

問2　単価が10円のセール用チラシ15,000枚とデザイン料50,000円の見積もりなので，合計金額は20万円となる。税率は10％と見積書に記載されているので，消費税額は20,000円と判断できる。

問3　商品の購入の申し込みは注文書でおこなう。一方，注文を受けた売り手の側では，注文書に対して注文請書を作成して，買い手に送付する。

問4　株式会社サウンド琉球が株式会社名護印刷に対して代金を支払ったので，領収証を作成・発行したのは株式会社名護印刷である。その宛名は株式会社サウンド琉球となるので，①には株式会社サウンド琉球，②には株式会社名護印刷が記載されている。

問5　商品の種類や数量の過不足がないかどうか，品違いや損傷などがないかどうかを確認することを検収という。

問6　印紙税額表より，220,000円の領収証に対しては200円の収入印紙を貼付することになる。

第1回　解答用紙

1	(1)	(2)	(3)	(4)	(5)
	ウ	エ	イ	オ	ア

2	(1)	(2)	(3)	(4)	(5)
	B	B	A	A	B

3	(1)	(2)	(3)	(4)	(5)
	ウ	ア	オ	イ	エ

4	(1)	(2)	(3)	(4)	(5)
	オ	○	○	ウ	○

5	問1	問2					問3	問4	問5
	イ	自	給	自	足	経済	ア	ウ	イ

6	問1	問2	問3
	ウ	ウ	ア

7	問1	問2
	イ	イ

8	問1	問2		問3
	イ	総	合	ア

9	問1	問2			
	ア	ア			

10	問1	問2	問3	問4	問5
	ウ	480 円	3,000g	ア	ア

11	問1		問2			
	小	売	サ	ー	ビ ス	経済化

12	問1	問2	問3
	エ	ウ	イ

13	問1	問2	問3	問4	問5
	見積依頼書	ウ	ア	ア	イ

第2回　解答用紙

1	(1)	(2)	(3)	(4)	(5)
	ア	オ	ウ	エ	イ

2	(1)	(2)	(3)	(4)	(5)
	B	A	A	B	A

3	(1)	(2)	(3)	(4)	(5)
	○	オ	ウ	○	○

4	(1)	(2)	(3)	(4)	(5)
	ウ	オ	イ	ア	エ

5	(1)	(2)	(3)	(4)	(5)
	ウ	○	○	オ	○

6	問1	問2	
	ウ	均	衡

7	問1	問2		
	ウ	経	営	理	念

8	問1	問2		問3		問4
	ウ	小	売	金	融	(b)

9	問1	問2	問3
	ウ	損害	ウ

10	問1	問2	問3
	為替	当座貸越	ア

11	問1	問2	問3
	ウ	イ	合資会社

12	問1	問2
	イ	ア

13	問1	問2	問3	問4	問5	問6
	ウ	イ	ア	ウ	イ	イ

32

第3回　解答用紙

1	(1)	(2)	(3)	(4)	(5)
	ウ	ア	エ	オ	イ

2	(1)	(2)	(3)	(4)	(5)
	A	B	B	B	B

3	(1)	(2)	(3)	(4)	(5)
	オ	ウ	エ	ア	イ

4	(1)	(2)	(3)	(4)	(5)
	ア	エ	イ	ウ	オ

5	問1	問2	問3	問4	問5
	○	エ	ア	オ	○

6	問1	問2	問3	問4
	ア	12回	ウ	イ

7	問1	問2	問3
	イ	ウ	ウ

8	問1	問2	問3
	イ	ア	ウ

9	問1			問2	問3
	私	企	業	ア	イ

10	問1	問2
	(a)	ア

11	問1	問2	問3
	ア	ア	ウ

12	問1	問2
	28,000 円	48,000 円

13	問1				問2	問3	問4	問5
	注	文	請	書	ア	イ	イ	ア

第4回　解答用紙

1	(1)	(2)	(3)	(4)	(5)
	エ	ウ	ア	イ	オ

2	(1)	(2)	(3)	(4)	(5)
	B	A	A	A	B

3	(1)	(2)	(3)	(4)	(5)
	イ	ア	ウ	オ	エ

4	(1)	(2)	(3)	(4)	(5)
	複利法	生命保険	CIF 価格	B to C	○

5	問1	問2
	ウ	イ

6	問1	問2	問3	問4
	株主	株主総会	ア	ア

7	問1	問2	問3	問4
	イ	イ	ア	イ

8	問1	問2	問3	問4
	イ	ウ	ウ	ア

9	問1	問2
	イ	ウ

10	問1			問2	
	自	動	車	荷	役

11	問1	問2	問3
	ア	イ	イ

12	問1	問2
	200 円	ウ

13	問1	問2	問3	問4	問5
	イ	ア	イ	イ	イ
	問6				問7
	不	渡	手	形	ウ

ビジネス基礎解答用紙

1	(1)	(2)	(3)	(4)	(5)

2	(1)	(2)	(3)	(4)	(5)

3	(1)	(2)	(3)	(4)	(5)

4	(1)	(2)	(3)	(4)	(5)

得　点

（ 2 は，すべてに同一の記号を記入した場合は５問全部を無効とします。
4 は，すべてに○を記入した場合は５問全部を無効とします。 ）

1 ～ 4 小計

5	問1	問2	問3	問4	問5

6	問1	問2		
				S

7	問1	問2	問3		
					チェーン

8	問1	問2	問3

9	問1	問2	
			業務

10	問1	問2	問3

11	問1	問2	問3

12	問1	問2	問3

13	問1	問2	問3	問4	問5	問6
						円

受験場校

受験番号

総得点

ビジネス基礎解答用紙

1	(1)	(2)	(3)	(4)	(5)

2	(1)	(2)	(3)	(4)	(5)

3	(1)	(2)	(3)	(4)	(5)

4	(1)	(2)	(3)	(4)	(5)

得 点

（ 2 は，すべてに同一の記号を記入した場合は5問全部を無効とします。
4 は，すべてに○を記入した場合は5問全部を無効とします。 ）

1 ～ 4 小計

5	問1	問2	問3	問4	問5

6	問1	問2
		S

7	問1	問2	問3
			チェーン

8	問1	問2	問3

9	問1	問2
		業務

10	問1	問2	問3

11	問1	問2	問3

12	問1	問2	問3

13	問1	問2	問3	問4	問5	問6
						円

受験場校

受験番号

総得点

第37回（令和4年度）

商業経済検定試験問題

〔ビジネス基礎〕

解答上の注意

1. この問題のページは2から15までです。
2. 解答はすべて別紙解答用紙に記入しなさい。
3. 問題用紙の表紙に受験番号を記入しなさい。
4. 文字または数字で記入するもの以外はすべて
   記号で答えなさい。
5. 計算用具などの持ち込みはできません。
6. 制限時間は40分です。

※　試験終了後，問題用紙も回収します。

公益財団法人　全国商業高等学校協会

1　次の(1)～(5)に最も関係の深いものを解答群から選びなさい。

(1)　生産された商品の品質が落ちないように，必要な期間倉庫内に収納し，生産の時期と消費の時期の時間的隔たりを調整する活動。

(2)　生産された商品が消費者に届くように，自動車や船舶などを利用して消費地へ送り届け，生産地と消費地の間の場所的(空間的)隔たりを埋める活動。

(3)　生産された商品がより高い付加価値をもつように，小分けやラベル貼り，詰め合わせ，組み立て設置などをする活動。

(4)　生産された商品が汚損・破損によって価値を損なわないように，容器に入れたり，運びやすくするために荷づくりをしたりして，適切に保護する活動。

(5)　生産された商品が効率的に消費者に届くように，受発注や在庫・配送などの業務でコンピュータを活用し制御する活動。

【解答群】
　ア．輸送　　イ．流通加工　　ウ．保管　　エ．情報管理(情報処理)　　オ．包装

2　次の(1)～(5)のうち，条件に当てはまるものにはＡを，それ以外にはＢを記入しなさい。ただし，すべてに同一の記号を記入した場合は５問全部を無効とします。

【条件】　ビジネスに必要な資金のうち，設備資金に分類されるもの

(1)　企業が，従業員に対する賃金の支払いをするときに必要な資金

(2)　企業が，店舗を開設するための土地や建物を購入し代金の支払いをするときに必要な資金

(3)　企業が，営業所の水道料金や電気料金の支払いをするときに必要な資金

(4)　企業が，商品の仕入れや手形代金の支払いをするときに必要な資金

(5)　企業が，工場で使用する新しい機械装置を購入し代金の支払いをするときに必要な資金

3 次の(1)〜(5)の □ に当てはまるものを解答群から選びなさい。

　小売業は，どのような商品を売るかという，業種に重点がおかれ分類されていたが，どのように商品を売るかといった，業態に重点がおかれ分類されるようになってきた。

　業態では，複数階の売り場をもち，大規模で総合的な品ぞろえで，部門ごとに売り場を設けて，高級品を扱う対面販売方式を中心とした (1) が，1920年代から1960年代に小売業界でのシェアを伸ばした。その後1970年代になると，チェーン化による大量一括仕入で割安な食料品や衣料品を中心に総合的な品ぞろえの，大規模な小売業であるセルフサービス方式を中心とした (2) という業態が小売業界でのシェアを伸ばした。

　さらに，医薬品や化粧品を中心に品ぞろえを行い，日用雑貨も取り扱っている (3) という業態は現在も店舗数や売り上げを伸ばしている。そのほかに，日曜大工用品や園芸用品を中心に生活関連の耐久消費財を幅広く品ぞろえして，広い駐車場を備えた (4) という業態もある。近年では，衣料品を扱う小売業において企画から製造・販売までを一貫して行う (5) という業態もあり，機能性に優れ割安感のある商品は消費者の支持を得ており，家具を扱う小売業でもみられる。

　小売業は，今後も多様化する消費者ニーズに対応し，業態が変化していくことが予想される。

【解答群】
　ア．ホームセンター　　イ．ドラッグストア　　ウ．ＳＰＡ　　エ．百貨店　　オ．総合スーパー

4 次の(1)〜(5)について，下線部が正しいときは○を記入し，誤っているときは解答群から正しいものを選び記号で答えなさい。ただし，すべてに○を記入した場合は5問全部を無効とします。

(1) わが国の政府が発行する貨幣は，1回の取引につきそれぞれの額面金額の20倍までの強制通用力が定められてる。

(2) ビジネスでは3,889,876円のようにすべての数を示すのではなく，内容を的確に理解させるために約390万円といったおよその数で示し，そのおよその数で計算することを概算という。

(3) 利息の計算方法には2種類あり，そのうち一定期間ごとに利息を元金に繰り入れて，その元利合計を次期の元金として利息を計算する方法を単利法という。

(4) 小切手の不正使用防止のために表面に2本の平行線を引き，平行線のなかに指定の銀行名を記入した小切手を特定線引小切手という。

(5) 企業が利害関係者に対して財務諸表を開示する前に，独立した外部の公認会計士が決算書を調べ，不正や誤った処理をしていないかチェックすることを確定申告という。

【解答群】
　ア．一般線引小切手　　イ．複利法　　ウ．10　　エ．換算　　オ．会計監査

5　次の文章を読み，問いに答えなさい。

　日本経済団体連合会が実施した「2018年度　新卒採用に関するアンケート調査結果」によると，企業が入社試験の選考基準で最も重視している項目は，コミュニケーション能力(82.4％)で，10年以上連続１位となっている。これは，取引先や企業内など，さまざまな人と関わるうえで「相手を正しく理解する力」，「自分の考えを相手に伝える力」を重視する企業がいかに多いかということを表している。

　コミュニケーションの方法には，直接的コミュニケーションと(a)間接的コミュニケーションがあり，どちらも要点をおさえ，誤解や勘違いがおこらないように注意することが大切である。そして，コミュニケーションにおいて相手との信頼関係を築くためには，身だしなみから挨拶，お辞儀や言葉づかいなども重視される。お辞儀も場面によって使い分けることが必要で，例えば廊下ですれ違うときに上体を15度ほど傾ける礼や，一般的な挨拶を交わす場合に上体を30度ほど傾ける礼のほかに，(b)感謝やお詫びの気持ちをこめる場合に上体を45度ほど傾ける礼がある。

　言葉づかいでは，相手を敬ったり，自らをへりくだったりして，相手に敬意を表す敬語の使い方が円滑なコミュニケーションには欠かせない。(c)尊敬語や謙譲語，丁寧語(丁重語，美化語を含める場合もある)の意味や違いを理解し，適切な使い方をすることが重要となる。

　そのほかに，職場でのコミュニケーションを円滑にするためには，役職や担当としての公式な場面でのコミュニケーション以外に，(d)同期入社や，同じ趣味，同じ出身地の者同士による休憩時間のような非公式な場面でのコミュニケーションが大きな役割を果たすことがある。実際，業務の効率化や技能の向上などにも役立つため，大切にしている企業が多い。

　また，多くの企業が，顧客との良好なコミュニケーションを図るために，情報の収集に力を入れている。こんにちでは，(e)デジタル化の進展やネットワークの高度化などにより，位置情報や行動履歴，インターネットやテレビでの視聴・消費行動等に関する豊富な種類の情報，また小型化したセンサーから得られ絶えず発生する膨大な情報を活用するようになってきた。このデータを解析することで顧客の興味や関心をもっていると予測される商品を案内し購買につなげているのである。

　もう一つ重視している選考基準の項目に，主体性(64.3％)を挙げる企業が増えてきている。自ら考え行動できる人材は早期に活躍できる人材と考えられ，高く評価される傾向にある。

問１．下線部(a)の例として，次のなかから適切なものを一つ選びなさい。
　ア．人と人が向かい合って行うコミュニケーション
　イ．身ぶりや手ぶりなどを使ったコミュニケーション
　ウ．書類や電子メールなどを通じて行うコミュニケーション

問２．下線部(b)を何というか，次のなかから適切なものを一つ選びなさい。
　ア．普通礼　　イ．最敬礼　　ウ．会釈

問３．下線部(c)の例として，次のなかから適切なものを一つ選びなさい。
　ア．「私が召し上がります」
　イ．「お客様がいらっしゃいました」
　ウ．「お客様が申し上げました」

問4．下線部(d)を何というか，次のなかから適切なものを一つ選びなさい。
　　ア．インフォーマルコミュニケーション
　　イ．フォーマルコミュニケーション
　　ウ．対外的コミュニケーション

問5．下線部(e)を何というか，次のなかから最も適切なものを一つ選びなさい。
　　ア．ビッグデータ　　イ．フェイクニュース　　ウ．ＩｏＴ

6　次の文章を読み，問いに答えなさい。

　近年，深刻化するプラスチックごみによる汚染に対して，各地でさまざまな取り組みが行われている。

　1990年代半ば以降，京都府亀岡市を流れる保津川流域にプラスチックごみが大量に漂着するようになり，川下り船頭の有志による清掃活動が始まった。その後，2018年には，「かめおかプラスチックごみゼロ宣言」が表明された。そのほかにも，神奈川県や長野県など各地で同様の宣言や運動が始まっている。

　プラスチックごみをゼロに近づけるためには，(a)プラスチック製のレジ袋やストローなどを使用せずに無駄なごみを出さないようにすることが必要である。それに加え，回収して新しい製品を作るために再資源化したり，再利用したりするなど，総合的に取り組むことが重要となる。

　私たちを取り巻く社会には，このような環境保護だけでなく，貧困への対策や，限りある貴重な資源の確保などさまざまな課題が存在しており，それぞれ早急な対応が求められている。そこで，(b)2015年9月に国連持続可能な開発サミットで，持続可能な世界を実現するために設定した17の目標からなる，国際的な開発目標が採択された。

　こんにち，ビジネスを行う多くの企業が，この目標を2030年までに達成しようと努力している。私たち自身も，一人ひとりの行動が世界を変える力となると，自覚していくことが重要となる。

問1．下線部(a)は「3R」のどの活動にあたるか，次のなかから適切なものを一つ選びなさい。
　　ア．リデュース(Reduce)　　イ．リユース(Reuse)　　ウ．リサイクル(Recycle)

問2．下線部(b)を何というか，アルファベット大文字3文字を補って，正しい用語を完成させなさい。

7 次の文章を読み，問いに答えなさい。

　1974年に，大規模小売店舗における小売業の事業活動の調整に関する法律（大規模小売店舗法）が施行された。これは，大型店舗の出店を規制した法律である。大型店全盛の時代であった同じ頃に，小売業のＡ社は，都内の豊洲にコンビニエンスストア（以下，コンビニ）の第1号店をオープンして，それから約50年が経過しようとしている。

　こんにちでは，Ａ社以外にも多くのコンビニがある。小規模な店舗ながらも，その利便性から日常生活のなかで多くの人々が利用している。なぜ，コンビニは人々を引き付けることができるのだろうか。一つには，いち早く(a)ＰＯＳシステムを採用し，売れない商品を即座にほかの商品に入れ替える効果的な品ぞろえがあげられる。そのほかに，長時間営業やＡＴＭの設置，公共料金の支払い，宅配受付サービスのような便利なサービスを取り入れたビジネススタイルがある。また，コンビニの情報収集力と販売力を活かした商品の開発も魅力の一つとしてあげられる。コンビニにとって(b)プライベートブランド商品（ＰＢ商品）は，商品の差別化という利点をうみ出している。そのため，コンビニではプライベートブランド商品の，全商品に対する割合を年々増やしている。

　このようなさまざまな特長をもったコンビニは，チェーン化によって店舗数を増やし，1店舗あたりは小規模ながら情報化や大量仕入などの効率化を図ることができた。いくつかあるチェーン化のなかでも，(c)独自の商品や販売方式などを開発した企業が本部となり，自社の加盟店を募集し，商号の使用を認め，商品の供給や販売方法の指導などを行い，その対価を加盟店から受け取るチェーンの方式は，コンビニの拡大を大きく後押しした。

　今後，誕生して約半世紀を過ぎたコンビニが，どのように消費者ニーズをとらえ続けていけるのか目が離せない。

問１．下線部(a)の説明として，次のなかから最も適切なものを一つ選びなさい。
　ア．インターネットや専用回線を用いて，システムを共有することで，同一会社のように，電子的に商品の受発注を素早く行うシステム。
　イ．異なるネットワークを使用するほかの会社と，通信回線や商品のコード体系などを統一することで，スムーズに商品に関する電子データの交換をできるようにしたシステム。
　ウ．商品につけられているバーコードを，販売時に，スキャナで読み込み，コンピュータで商品の販売情報を収集・管理するシステム。

問２．下線部(b)の説明として，次のなかから最も適切なものを一つ選びなさい。
　ア．消費者ニーズを把握しやすい製造業者が商品の企画をして，製造業者のブランドで販売する商品。
　イ．消費者ニーズを把握しやすい小売業者が商品の企画をして，小売業者のブランドで販売する商品。
　ウ．消費者ニーズを把握しやすい卸売業者と製造業者が共同で商品の企画をして，卸売業者と製造業者両方のブランドで販売する商品。

問３．下線部(c)を何というか，カタカナ7文字を補って正しい用語を完成させなさい。

8　次の文章を読み，問いに答えなさい。

　私たち個人や企業は，日々の経済活動のなかで，突然の事故や災害にみまわれ，人の生命や財産に損失をこうむる危険（リスク）を負っている。そこで，このような危険に備えるために，保険というしくみを活用する。

　保険は人々から資金の提供を受け，(a)保険事業を営む保険会社がこの集まった資金を運用していくのである。これは，同じ危険を抱えた人々が多数集まり，お互いに助け合う相互扶助の考えからうまれた。そして，(b)火災や風水害などによって保険事故が発生した場合に保険会社から支払われる金銭によって，経済的不安を取り除くことになる。

　保険の種類には，生命保険と，(c)損害保険とがあり，それぞれ何を対象とするのかにより区別されている。

　近年では，商品によって消費者がけがをした場合に支払われる損害賠償のための生産物賠償責任保険（ＰＬ保険）ができた。また，企業の合併・買収時の契約書の記載が正しいことを保証し記載違いによる損失があった場合のための表明保証保険（Ｍ＆Ａ保険）など，時代にそった新しい保険も登場してきている。保険のしくみは，わが国のビジネス活動を円滑にするために重要な役割を果たしているのである。

問１．下線部(a)を何というか，次のなかから適切なものを一つ選びなさい。
　ア．被保険者　　イ．保険契約者　　ウ．保険者

問２．本文の主旨から，下線部(b)を何というか，次のなかから適切なものを一つ選びなさい。
　ア．保険料　　イ．供託金　　ウ．保険金

問３．下線部(c)の例として，次のなかから適切なものを一つ選びなさい。
　ア．疾病や事故などによる人の生死を対象とする保険
　イ．工場や店舗のような建物および商品などの財産を対象とする保険
　ウ．公的医療や年金のような国や地方公共団体の政策を対象とする保険

⑨　次の文章を読み，問いに答えなさい。

　2022年，アメリカやヨーロッパ各国の中央銀行が金利を上げるなか，わが国の中央銀行である日本銀行は超低金利政策を維持することで円安状態になった。これは，世界経済において金利の低い円を売って金利の高い外貨で預金をする動きが進んだためである。金利は，経済において資金を動かす原動力となる。

　普通銀行は，金融市場において，資金を供給者から需要者へ提供する業務を主に行い，三大業務と呼ばれるものがある。一つ目の業務は，(a)預金(受信)業務である。二つ目の業務は，貸出(与信)業務である。この際に，支払う利息より受け取る利息を多くすることで，利ざやが生じ，銀行の収益となる。しかし，金利の低い状態では収益の確保が難しい。三つ目の業務は(b)遠隔者間の金銭の受け払いを仲立ちし，直接現金の送付を行わない決済や送金をする業務により利用者から受け取る手数料が銀行の収益となる。そのほかに，投資信託や保険の取次販売なども行う。

　超低金利の時代，銀行では両替をはじめとする，各種業務の手数料による収入を増やすことに力を入れている。

問１．下線部(a)の説明として，次のなかから適切なものを一つ選びなさい。
　ア．家計や企業から余裕資金を預かり，利息を支払う業務
　イ．資金を必要とする家計や企業などに資金を融通して，利息を受け取る業務
　ウ．取引先に保護箱を貸渡し，有価証券や貴金属などを保管する業務

問２．下線部(b)のような三大業務を何というか，漢字２文字を補って正しい用語を完成させなさい。

10 次の文章を読み，問いに答えなさい。

　A社は，国内最大級の女性向け月額制ファッションレンタルサービスをメインとする，個人向け洋服コーディネートサービスを運営している企業である。女性のライフスタイルに寄り添い，ファッションとの新しい出会い体験を提案するA社の事業内容についてみてみる。

　A社は，もともとファッションに興味があってスタートしたわけではなく，「ライフスタイルを豊かにするサービス」を作りたいという思いからうまれた企業である。設立にあたり(a)企業活動でめざす理想や目標として，「誰もがワクワクする，新しいあたりまえをつくろう。」を企業経営の柱とした。A社は顧客に自由に洋服を選んでもらう選択型ではなく，サイズや好みをオンライン上で登録し，プロのスタイリストがその顧客に合わせて選んだ服を自宅に届ける提案型のレンタルサービスを行っている。

　A社は，(b)顧客が製品やサービスを一定期間利用できる「権利」に対して料金を支払うというビジネスモデルを提供した。顧客は定期的に服を何着でも試すことができ，また手軽にさまざまなファッションを楽しむことができるだけではなく，気に入った服を購入することもできる。A社は，ブランドや服によって料金を変えない定額制にし，服の返却期限を設けず，返却する際のクリーニングも不要にした。このような新しいサービスを提供した結果，(c)A社のレンタルサービスの会員登録者数は年々増加し，2022年2月には70万人を超えた。

　A社がめざしていることは，顧客を満足させることで終わらず，ライフスタイルを豊かにし，誰もがワクワクするといった感動を与えることである。服の返却時に顧客からいただく「生の声」を大切にすることで，日々業務を改善し，新たにサービスの提案をする姿勢が顧客に評価され，今もなお成長し続けている。

問1．下線部(a)を何というか，次のなかから適切なものを一つ選びなさい。
　ア．経営理念　　　イ．コーポレート・ガバナンス　　　ウ．ノーマライゼーション

問2．下線部(b)を何というか，次のなかから適切なものを一つ選びなさい。
　ア．トレード・オフ　　　イ．サブスクリプション　　　ウ．ロイヤリティ

問3．本文の主旨から，下線部(c)の理由として，次のなかから最も適切なものを一つ選びなさい。
　ア．自分が選んだ服が自宅に届けられ，手軽にファッションを楽しむことができるだけではなく，気に入った服を購入することができるから。
　イ．子どものファッションをターゲットにし，入学式や卒業式の衣装も定額でレンタルすることができ，また返却時のクリーニング代も無料にしたから。
　ウ．プロのスタイリストが選んだ服が定期的に届けられ，ブランド品の服も定額でレンタルすることができ，顧客の満足度を高めることができたから。

11 次の文章を読み，問いに答えなさい。

　　A社は，新規ビジネスの企画開発，セールスプロモーションの企画・制作などを行う企業である。A社の取り組みについてみてみる。

　　A社の取り組みの一例として，飲料メーカーとアニメキャラクターのタイアップキャンペーンがある。飲料メーカーでは，消費者ニーズを満たす製品やサービスを開発し提供するために，(a)必要な価値を具体化し(製品政策)，それをどのくらいの価格で(価格政策)，どのような場所で(流通政策)，そしてどのようにして顧客の購買意欲を高めるか(プロモーション政策)の四つの要素を組み合わせることを検討している。そのなかでA社は，飲料メーカーから依頼を受けてキャンペーンの企画やデザイン，景品の製作を担当し，この製品のプロモーション政策を担った。

　　このような取り組みをしているA社では，福利厚生についても特徴的な制度を設けている。A社は，法律によって義務付けられている法定福利制度として，健康保険，(b)労災保険，厚生年金保険，雇用保険などの社会保険料の一部または全部を企業が負担している。またA社は，企業が任意で行う(c)法定外福利制度として32の制度を設けている。例えば，「ファミリーホリデー」制度として家族旅行や運動会などの際に特別休暇を認めている。また，「幸せは歩いてこない」制度として月間平均1万歩を歩くだけで報奨金3,200円を支給する制度がある。

　　このように福利厚生制度は，企業が従業員と家族の生活を支えるものであり，従業員の帰属意識を高めたり，働く意欲を増幅させたりする効果がある。

　　今後A社のように，さまざまな企業でユニークな福利厚生制度が誕生し，一層働きやすい職場環境が整えられることを期待する。

問1．下線部(a)を何というか，次のなかから適切なものを一つ選びなさい。
　ア．ＰＤＣＡサイクル　　　イ．マーケティングミックス　　　ウ．ホスピタリティ

問2．下線部(b)の説明として，次のなかから適切なものを一つ選びなさい。
　ア．老齢，死亡，障がいなどで働けなくなった場合に支給される保険
　イ．失業時の現金給付や育児休業，介護休業中の所得補償をする保険
　ウ．非正規社員も加入できる，勤務時や通勤時のけがや病気に対する保険

問3．本文の主旨から，下線部(c)の説明として，次のなかから最も適切なものを一つ選びなさい。
　ア．法律によって義務付けられており，各種保険に加入することで病気やけが，失業などの場合に支援を受けられる制度のこと。
　イ．幼児期の学校教育や保育，地域の子育て支援の量の拡充や質の向上を進めていくためにつくられた制度のこと。
　ウ．従業員の生活援助や労使関係の安定などを目的に，レクリエーションや社員旅行などの費用の一部を会社が負担する制度のこと。

12 次の文章を読み，問いに答えなさい。

　テーマパークを運営しているＡ社は，新型コロナウイルス感染症の影響で入場制限や時短営業が続き，厳しい収益環境が続いている。しかし，Ａ社はこの状況下においても収益を確保するための工夫をしている。

　工夫の一つ目は，１日利用券の料金設定である。1983年４月に新規開園したときは，１日利用券の価格は3,900円であったが，その後 2001年には5,500円，2021年３月20日から最大8,700円になった。さらに2021年10月１日にはパーク内の混雑の緩和を目的として(a)下表のように7,900円から9,400円の４段階の価格を設定した。これにより，収益の確保を見込めると考えている。

　二つ目は，新アトラクションの開発に取り組んでいることである。この新アトラクションは，2027年の稼働に向け約560億円の投資を行い，宇宙空間をハイスピードで駆け抜けるスリリングなジェットコースタータイプの屋内型アトラクションを誕生させる。同時に付随するエリアもリニューアルする。

　三つ目は，Ａ社は株式会社であり株式保有による優待制度があることである。Ａ社は，優待を受ける権利確定日に(b)株式を保有する出資者に対し，一定数以上の株式を保有していれば１日利用券を配付している。株式の買入は，証券会社を通じて行われる。株式を買入する場合は，株式売買委託手数料と(c)株式の売買が成立した時の価額の合計を支払総額として支払うことになる。

　Ａ社に対する人気は，開園以来衰えることがない。その最大の理由は，「夢と魔法の王国」をコンセプトにし，入園者に非日常空間を提供し続けているからである。Ａ社の絶え間ないビジネスへの取り組みの努力が，私たちの明日への生活の活力になっているのかもしれない。

2022年10月の料金表 （一部抜粋）

日	月	火	水	木	金	土
2	3	4	5	6	7	8
9,400円	7,900円	7,900円	7,900円	7,900円	7,900円	9,400円
9	10 (祝)	11	12	13	14	15
9,400円	9,400円	8,400円	8,400円	8,900円	8,900円	9,400円

問１． 本文の主旨から，下線部(a)の理由として，次のなかから最も適切なものを一つ選びなさい。
　ア．土日祝日の価格を高くすることで来場客を分散させ，新型コロナウイルス感染症拡大防止と収益の確保を図りたいから。
　イ．１日利用券を高価格設定することでＡ社に対する注目度を高め，株式を保有する出資者を増やし株価上昇を図りたいから。
　ウ．生活資金に余裕のある富裕層をターゲットにし，パーク内での利用単価を上げることで収益確保を図りたいから。

問２． 下線部(b)を何というか，漢字２文字で正しい用語を記入しなさい。

問３． 下線部(c)を何というか，次のなかから適切なものを一つ選びなさい。
　ア．約定代金　　イ．付加価値　　ウ．機会費用

13 次の一連の文章〔Ⅰ〕・〔Ⅱ〕を読み，それぞれの問いに答えなさい。

〔Ⅰ〕株式会社サウンド琉球（以下，サウンド琉球）は，年に１回琉球楽器の年末大売出しセールを行っており，今回セール用チラシ 15,000 枚を印刷業者に作ってもらい，新聞折り込み広告として地域住民に配付することにした。

　以下は，サウンド琉球が年末大売出しセール用チラシを作成してくれる印刷業者を選定し，売買契約を締結するまでの事例を示したものである。

令和４年11月１日　サウンド琉球は，セール用チラシの(a)見積依頼書を作成した。そして，この書類を印刷業者として定評のある株式会社名護印刷（以下，名護印刷）と，株式会社具志川プリント（以下，具志川プリント）に送付した。

　　11月８日　サウンド琉球は，名護印刷より以下のとおり，見積書を受け取った。

[見積依頼書 No. 78]

No.556

見　積　書

令和　４　年　11　月　７　日
（住所省略）

株式会社名護印刷 印

（住所省略）
株式会社 サウンド琉球 御中

下記のとおりお見積もり申し上げますので，なにとぞご用命くださるようお願いいたします。

| 納入期日 | 令和4年12月15日 | 運送方法 | 自動車便 | 支払条件 | 着荷後７日以内　銀行振込 |
| 納入場所 | 買い手店頭 | 運賃諸掛 | 売り手負担 | | |

品　名	数　量	単　価	金　額（税抜）
セール用チラシ	15,000	10	（各自計算）
デザイン料	1	50,000	（各自計算）
以　下　余　白			
合　　計			（各自計算）

| 税率　10% | 消費税額 | ① | 税込合計金額 | （各自計算） |

【備考】見積有効期限　令和４年12月６日
　　　　振込手数料はご負担下さい
振込先　沖縄国際銀行　那覇支店
　　　　普通　7878788

係印	（押印略）	（押印略）

　　11月９日　具志川プリントからも見積書が届いた。サウンド琉球は，２社から届いた見積書を比較・検討をした結果，名護印刷と取引することを決定した。その後，名護印刷に(b)購入することを売り手に伝える書類を作成して送付した。

　　11月11日　名護印刷より承諾したことを伝える書類を受け取った。

問1．下線部(a)の説明として，次のなかから適切なものを一つ選びなさい。

　ア．取引条件を提示し，価格を問い合わせる書類

　イ．取引条件に基づき，商品を確認し受け取ったことを伝える書類

　ウ．取引条件に基づき，商品の納品後に代金の支払いを請求する書類

問2．見積書の　①　に入る消費税額として，次のなかから正しいものを一つ選びなさい。

　ア．¥15,000　　イ．¥20,000　　ウ．¥22,000

問3．下線部(b)を何というか，漢字3文字で正しい用語を記入しなさい。

文章〔Ⅱ〕とそれに関する問いは，次のページにあります。

〔Ⅱ〕サウンド琉球は，年末大売出しセール用チラシを作成してくれる印刷業者を選定し，令和4年11月に売買契約の締結をすでに済ませている。令和4年12月になり，セール用チラシが納品されることになった。

　以下は，サウンド琉球にセール用チラシが納品され，代金を支払うまでの売買契約の履行の事例を示したものである。

令和4年12月12日　サウンド琉球にセール用のチラシが運送業者から店頭に届けられた。届けられた荷物を開封し，(c)品違いや数量の過不足など注文したとおりの内容に間違いがないか書類で照合し，さらに輸送中の損傷や変質がないかなど確認した。

　　　　12月13日　サウンド琉球は，代金支払いの手続きをするために自社の銀行口座から，印刷業者が指定した銀行口座に振り込みを完了した。

　　　　12月16日　サウンド琉球は，印刷業者より以下の領収証を受け取った。なお，この領収証には(d)印紙税法により規定の金額の収入印紙が貼ってあった。

〈資　　料〉
〈印紙税額表（抜粋）〉

文書の種類	印紙税額（1通又は1冊につき）	主な非課税文書
売上代金に係る金銭又は有価証券の受取書	記載された受取金額が 　100万円以下のもの　　　　　　　200円 　100万円を超え200万円以下のもの　400円 　200万円を超え300万円以下　〃　600円 　300万円を超え500万円以下　〃　1,000円	次の受取書は非課税 記載された受取金額が5万円未満のもの

問4．領収証の ① と ② に入る組み合わせとして，次のなかから正しいものを一つ選びなさい。

　　ア．①株式会社名護印刷　　　　　②株式会社具志川プリント
　　イ．①株式会社サウンド琉球　　　②株式会社名護印刷
　　ウ．①株式会社名護印刷　　　　　②株式会社サウンド琉球

問5．下線部(c)の作業を何というか，次のなかから正しいものを一つ選びなさい。

　　ア．引き受け　　イ．審査　　ウ．検収

問6．本文の主旨から，下線部(d)について〈資料〉の〈印紙税額表（抜粋）〉を参照し，正しい金額を記入しなさい。